BESTACTIVITYBOOKS.COM

Copyright © 2022 LINGUAS CLASSICS

Tutti i diritti riservati. Nessuna parte di questo libro può essere riprodotta o usata in alcun modo senza il permesso scritto del detentore del copyright, eccetto per l'uso di citazioni in una recensione del libro.

PRIMA EDIZIONE 2022

Illustrazione Grafica Extra: www.freepik.com
Grazie a Alekksall, Starline, Pch.vector, Rawpixel.com, Vectorpocket, Dgim-studio, Upklyak, Macrovector, Stockgiu, Pikisuperstar & Freepik.com Designers

Scoprire i Giochi Gratuiti Online

Disponibile Qui:

BestActivityBooks.com/FREEGAMES

5 CONSIGLI PER INIZIARE

1) COME RISOLVERE LE PAROLE INTRECCIATTE

I puzzle hanno un formato classico:

- Le parole sono nascoste senza spazi o trattini,...
- Orientamento: Le parole possono essere scritte in avanti, indietro, verso l'alto, verso il basso o in diagonale (possono essere invertite).
- Le parole possono sovrapporsi o intersecarsi.

2) APPRENDIMENTO ATTIVO

Accanto ad ogni parola c'è uno spazio per scrivere la traduzione. Per incoraggiare l'apprendimento attivo, un **DIZIONARIO** alla fine di questa edizione vi permetterà di controllare e ampliare le vostre conoscenze. Cerca e scrivi le traduzioni, trovale nel puzzle e aggiungile al tuo vocabolario!

3) SEGNARE LE PAROLE

Puoi inventare il tuo sistema di segni. Forse ne usi già uno? Per esempio, puoi segnare le parole difficili da trovare con una croce, le parole preferite con una stella, le parole nuove con un triangolo, le parole rare con un diamante, e così via.

4) STRUTTURARE L'APPRENDIMENTO

Questa edizione offre un **TACCUINO** alla fine del libro. In vacanza, in viaggio o a casa, puoi organizzare facilmente le tue nuove conoscenze senza bisogno di un secondo quaderno!

5) AVETE FINITO TUTTE LE GRIGLIE?

Nelle ultime pagine di questo libro, nella sezione della **SFIDA FINALE**, troverete un gioco gratuito!

Facile e veloce! Dai un'occhiata alla nostra collezione di libri di attività per il tuo prossimo momento di divertimento e **apprendimento**, a portata di clic!

Trova la tua prossima sfida su:

BestActivityBooks.com/MioProssimoLibro

Ai vostri posti, pronti...Via!

Sapevi che ci sono circa 7.000 lingue diverse nel mondo? Le parole sono preziose.

Amiamo le lingue e abbiamo lavorato duramente per creare libri di altissima qualità. I nostri ingredienti?

Una selezione di argomenti adatti all'apprendimento, tre buone porzioni di intrattenimento, una cucchiaiata di parole difficili e una spolverata di parole rare. Li serviamo con amore e entusiasmo in modo che tu possa risolvere i migliori giochi di parole e divertirti imparando!

La vostra opinione è essenziale. Puoi partecipare attivamente al successo di questo libro lasciandoci un commento. Ci piacerebbe sapere cosa ti è piaciuto di più di questa edizione.

Ecco un link veloce alla pagina dell'ordine:

BestBooksActivity.com/Recensione50

Grazie per il vostro aiuto e buon divertimento!

Tutta la squadra

1 - Scacchi

```
C O N C O U R S P Z V S K D
D E R D N E R P P A X Q X É
T E M P S J I H D P S C P F
R N Q V K M O U I G W S I I
U È G X L R N O U U A B I S
E K G S A C R I F I C E S F
U V W L J A U O E V V D T N
O I K J E W O R N P R I R O
J C O Q S S T N I O P A A I
I N T E L L I G E N T G T R
L A Y V I P Q X R Z T O É J
Z L C H A M P I O N L N G K
U B G Z J V F B G C K A I W
A D V E R S A I R E R L E G
```

ADVERSAIRE
BLANC
CHAMPION
CONCOURS
DIAGONAL
JOUEUR
JEU
INTELLIGENT
NOIR
PASSIF

APPRENDRE
POINTS
ROI
REINE
RÈGLES
SACRIFICE
DÉFIS
STRATÉGIE
TEMPS
TOURNOI

2 - Salute e Benessere #2

```
M A I H Y G I È N E O V A R
A N N O I T A R É P U C É R
L A F M A S S A G E G K S C
A T E I G R E N É H Q R P B
D O C P E U Q I T É N É G A
I M T S V B S C R N I A S Y
E I I A W W A O Y O A W L A
P E O H L R M R P I L F Y P
O I N Ô B L U P U T P A G P
I T H P G E E S M S G J C É
D Z H I M M O R N E O O Y T
S A B T S A N G G G K I R I
G R C A D I È T E I D I B T
I L W L D I D U Q D E P T J
```

ALLERGIE
ANATOMIE
APPÉTIT
CALORIE
CORPS
DIÈTE
DIGESTION
ÉNERGIE
GÉNÉTIQUE
HYGIÈNE
INFECTION
MALADIE
MASSAGE
HÔPITAL
POIDS
RÉCUPÉRATION
SANG
SAIN

3 - Aggettivi #2

```
A M S F F I E R F I S N S V
U U P T I I I U W O H V Q I
T J R S T Z T P N S R A Y S
H K O V A A V P R E G T R W
E F W A É S H I I C L Q V W
N L L E R U T A N R W E Z F
T F P M C F T I Q S C S Q X
I Y Q X U K É L M A S S G U
Q N O R M A L L O L A F E O
U A E V U O N A É É I A W D
E R B È L É C X Q G N I Q Z
D R A M A T I Q U E A M Y Q
P R O D U C T I F R B N A X
R E S P O N S A B L E S T R
```

FAIM
SEC
AUTHENTIQUE
CRÉATIF
DESCRIPTIF
DOUX
DRAMATIQUE
ÉLÉGANT
CÉLÈBRE
FORT

NATUREL
NORMAL
NOUVEAU
FIER
PRODUCTIF
PUR
RESPONSABLE
SALÉ
SAIN

4 - Ingegneria

```
D O T D Q E K M G W L T N F
E I G R E N É A M Q I B O O
D Q S T O O L C A O O E I R
I I R T B N A H N U T D T C
U D A U R O B I G F S E C E
Q I A G E I C N L X E V U E
I E K L R T B E E O X V R R
L S M N U A L U C L A C T T
P E D Q S T M X T M X D S È
K L C A E O D M U I P A N M
N U Z C M R Q I E X O S O A
U P R O F O N D E U R N C I
J E N G R E N A G E S E R D
S T A B I L I T É V D D P B
```

ANGLE
AXE
CALCUL
CONSTRUCTION
DIAGRAMME
DIAMÈTRE
DIESEL
DISTRIBUTION
ÉNERGIE

FORCE
ENGRENAGES
LIQUIDE
MACHINE
MESURE
MOTEUR
PROFONDEUR
ROTATION
STABILITÉ

5 - Archeologia

```
W S O F D R U E H C R E H C
A N T I Q U I T É Y I B J I
E P I U Q É K S M G M M F V
L D E S C E N D A N T O W I
I V I R J K O O B J E T S L
S N A U O O G E S S N R O I
S O C L E S Y L A N A E È S
O U M O Q P Z P Q Z C P C A
F B Y J N G K M V U F X O T
A L S C A N O E T V X E U I
D I T Z K W U T X A B K N O
N É È N R E L I Q U E A K N
W D R A N C I E N N U F T X
R U E S S E F O R P K T Z T
```

ANALYSE
ANTIQUITÉ
ANCIEN
CIVILISATION
OUBLIÉ
DESCENDANT
ÈRE
EXPERT
FOSSILE
MYSTÈRE
OBJETS
OS
PROFESSEUR
RELIQUE
CHERCHEUR
INCONNU
ÉQUIPE
TEMPLE
TOMBE

6 - Salute e Benessere #1

```
P H A U T E U R F Y V U I K
H R E W U Z M S A C B N V M
A T É C Y W O O I L U O T T
R N R F I T C A M I H I P H
M E P A L S F R E N D T M É
A M E M I E D U T I B A H R
C A A V É T X W G Q P X P A
I C U I V D E E J U T A O P
E I L R T J E M U E W L S I
R D D U Q B P C E L S E T E
O É T S J Y S S I N S R U C
Q M M U S C L E S N T I R B
F R A C T U R E Q B Y B E J
V D V H O R M O N E K S T Z
```

HABITUDE
HAUTEUR
ACTIF
CLINIQUE
FAIM
PHARMACIE
FRACTURE
MÉDICAMENT
MÉDECIN
MUSCLES
NERFS
HORMONE
PEAU
POSTURE
RÉFLEXE
RELAXATION
THÉRAPIE
TRAITEMENT
VIRUS

7 - Aggettivi #1

```
I  M  P  O  R  T  A  N  T  I  X  A  É  V
E  X  L  P  R  É  C  I  E  U  X  K  N  V
Z  U  I  E  U  Q  I  T  O  X  E  I  O  H
A  E  A  W  N  H  O  N  N  Ê  T  E  R  Q
W  R  Z  X  P  T  Z  O  G  N  O  L  M  I
D  É  T  F  P  H  U  L  S  R  B  P  E  D
N  N  Q  I  I  U  L  O  S  B  A  I  W  E
G  É  J  T  S  Z  T  U  D  T  L  N  E  N
K  G  W  C  O  T  G  R  H  Z  V  Q  D  T
O  X  O  A  F  L  I  D  M  I  N  C  E  I
M  O  D  E  R  N  E  Q  R  D  G  H  I  Q
B  I  U  Y  R  W  A  H  U  L  S  W  D  U
P  A  R  F  A  I  T  C  C  E  I  G  J  E
A  M  B  I  T  I  E  U  X  J  E  U  N  E
```

AMBITIEUX
ARTISTIQUE
ABSOLU
ACTIF
ÉNORME
EXOTIQUE
GÉNÉREUX
JEUNE
GRAND
IDENTIQUE
IMPORTANT
LENT
LONG
MODERNE
HONNÊTE
PARFAIT
LOURD
PRÉCIEUX
MINCE

8 - Geologia

```
R S E T I M G A L A T S F V
C H X R U U D H C O J F O O
S A E P X U A T S I R C S L
L F V P L A T E A U D N S C
A P A E C O R A I L Z E I A
S E L H R N P Z V R G N L N
T V U C E N I I Z V R O E C
G F K U S M E F E X Z Z É A
X T O O Y T Y A X R T L R L
P W W C E H V Z V X R L O C
M N D Y G F K W P U A E S I
S T A L A C T I T E U G I U
M I N É R A U X G B Q X O M
C O N T I N E N T B Y A N B
```

ACIDE
PLATEAU
CALCIUM
CAVERNE
CONTINENT
CORAIL
CRISTAUX
ÉROSION
FOSSILE
GEYSER

LAVE
MINÉRAUX
PIERRE
QUARTZ
SEL
STALAGMITES
STALACTITE
COUCHE
VOLCAN
ZONE

9 - Campeggio

```
W F G N M C W Y E E M Z G P
B O O A O I A C M M B V F K
T R Q T N N F N S D M D D A
U Ê Z U T S E L O S S U O B
A T I R A E D N O Ë K E A O
E M X E G C R D K H A F U E
P Y U F N T O C V V P J Z S
A C A S E E C A M A H L Q S
H A M E E K E R U T N E V A
C B I R S M Y T S T R O I H
E I N B T E E E N N E L A C
X N A R A X W N A J C N V U
D E J A F N K U T B L Y T I
U F L O M Y D L U E Z Z L E
```

ARBRES	AMUSEMENT
HAMAC	FORÊT
ANIMAUX	FEU
AVENTURE	INSECTE
BOUSSOLE	LAC
CABINE	LUNE
CHASSE	CARTE
CANOË	MONTAGNE
CHAPEAU	NATURE
CORDE	TENTE

10 - Tempo

```
Y S D C M A T I N N Q I A C
A P R È S J W R N S U S Y A
U Q R U L A C P R I X I U L
M R S F T L L Z X È S O T E
M T T E T U N I M C A M H N
J O U R H R F L C L N W P D
H O S U O M I D I E N R A R
C I S E R N T T B V U L N I
A V E H L Y P A H G E Z N E
O F G R O A V A N T L D É R
M H O G G S E M A I N E E P
B A A U E B I E N T Ô T C W
D É C E N N I E W C F E F J
P B T A U J O U R D H U I X
```

ANNÉE
ANNUEL
CALENDRIER
DÉCENNIE
APRÈS
FUTUR
JOUR
HIER
MATIN
MOIS

MIDI
MINUTE
NUIT
AUJOURD'HUI
HEURE
HORLOGE
BIENTÔT
AVANT
SIÈCLE
SEMAINE

11 - Astronomia

```
R A D I A T I O N N J G S Q
O N É B U L E U S E R R E T
G A S T R O N O M E N E G N
A A C F F L L S A Q U R T E
T S L E I C U O D S M I P V
S É T A Y M N M É T É O R E
U B L R X X E S B W É T U T
P T C E O I I O D Z Q A N È
E F I É S N E C X G U V I N
R B Q S T C A R M U I R V A
N V Y U D M O U L O N E E L
O I B F K A M P T A O S R P
V G R A V I T É E E X B S C
A A S T É R O Ï D E E O H H
```

ASTÉROÏDE
ASTRONAUTE
ASTRONOME
CIEL
COSMOS
ÉQUINOXE
GALAXIE
GRAVITÉ
LUNE
MÉTÉORE

NÉBULEUSE
OBSERVATOIRE
PLANÈTE
RADIATION
FUSÉE
SUPERNOVA
TÉLESCOPE
TERRE
UNIVERS

12 - Circo

```
J S T W B A T E U Q I S U M
O Q X X U A M I N A X P B I
N W O L C V L C F R W E I K
G A S T U C E L W A D C L T
L S W P P A V M O T A T L P
E É L É P H A N T N P A E Y
U M A G I C I E N V S C T B
R U E T A T C E P S F U S O
F R M L I O N V J E U L I N
T C O S T U M E K C L A N B
D E D A R A P I R F R I G O
K J N Z F W Y G T G R R E N
F D J T W P D A J X I E Z N
P H A T E Q Q M M E K T V Q
```

ANIMAUX
BILLET
BONBON
CLOWN
COSTUME
ÉLÉPHANT
JONGLEUR
LION
MAGIE
MAGICIEN

MUSIQUE
BALLONS
PARADE
SINGE
SPECTACULAIRE
SPECTATEUR
TENTE
TIGRE
ASTUCE

13 - Algebra

```
B Z V G T S F V K D J L D M
V I B A E N O A Q A T C O A
D T K U R F O L C D K F P T
F O R M U L E M U T H J Q R
E X P O S A N T B T E O K I
D I A G R A M M E R I U R C
V A R I A B L E R R E O R E
F A U X Z É R O I N I F N I
É Q U A T I O N A G K F R E
P R O B L È M E É E Q S D X
F R A C T I O N N G N D N F
T T K D R U N O I S I V I D
C G J R E I F I L P M I S E
Q F S O U S T R A C T I O N
```

DIAGRAMME
DIVISION
ÉQUATION
EXPOSANT
FAUX
FACTEUR
FORMULE
FRACTION
INFINI

LINÉAIRE
MATRICE
NOMBRE
PROBLÈME
SIMPLIFIER
SOLUTION
SOUSTRACTION
VARIABLE
ZÉRO

14 - Mitologia

```
C C A L V E N G E A N C E J
O R E É L S X S O R É H U R
E É O G L A B Y R I N T H E
R A L E I S U O L A J Y D I
T T R N C R S O C L H E I R
S I Q D O R W K U C U V V R
N O L E T R O M L É R T I E
O N K B P I T F T I S O N U
M A G I Q U E D U F W N I G
C R É A T U R E R D Z N T T
J S J H N R G Z E A U E É T
I M M O R T A L I T É R S O
C A T A S T R O P H E R C N
A R C H É T Y P E Y A E U U
```

ARCHÉTYPE
CRÉATURE
CRÉATION
CULTURE
CATASTROPHE
DIVINITÉS
HÉROS
FORCE
ÉCLAIR
JALOUSIE

GUERRIER
IMMORTALITÉ
LABYRINTHE
LÉGENDE
MAGIQUE
MORTEL
MONSTRE
TONNERRE
VENGEANCE

15 - Piante

```
Y B S Z E I D L A H J O B E
R O U B W R W I D A H F A M
I D T I L U M E J R A U I R
R C C C S U Z R E I R L E E
C P A Z Y S V R C C F G R T
U A C G J T O E B O F C B T
P É T A L E Z N H T X O R Ê
G F M O U S S E E N I C A R
F R L M J N I D R A J I F O
N A A E B Y U O B M A B L F
S I G N U W N K E P T N O S
S I A Y D R V C F K K W R R
A H L P S I A R G N E T E M
D Y H T K O R Q L R I R A S
```

ARBRE
BAIE
BAMBOU
CACTUS
BUISSON
GRANDIR
LIERRE
HERBE
HARICOT

ENGRAIS
FLEUR
FLORE
FORÊT
JARDIN
MOUSSE
PÉTALE
RACINE

16 - Spezie

```
A K G C C O R I A N D R E P
Z F X A M U C R U C N B Q A
B O I N A R F A S I N A J P
D L I N O N G I O M Y J E R
U Q V E R V I O P R A W Z I
C D S L W F W T K M H X X K
M U X L M V A N I L L E D A
K U R E M A F I O B E S O J
O D S R D K S M I X D S U L
Q O Z C Y P Z U U A P I X Q
Y Z L O A Z S C I I G L J A
E M O M A D R A C L K G B Q
R U E R B M E G N I G É E K
F E N O U I L Q T C S R W U
```

AIL
AMER
ANIS
CANNELLE
CARDAMOME
OIGNON
CORIANDRE
CUMIN
CURCUMA
CURRY

DOUX
FENOUIL
RÉGLISSE
MUSCADE
PAPRIKA
POIVRE
SEL
VANILLE
SAFRAN
GINGEMBRE

17 - Numeri

```
T L A E M B T A J R S Q U J
O R É Z O R W B E G T S A H
W N E Z U O D Z X S D E O Q
B C X I D I X H U I T P S U
K B C D Z P I H E O A T Z A
Y T T N N E S V D R L R D T
T U G Q P D B D C T D D G O
R D N N U D I X S E P T K R
B Q I E X I Q U A T R E H Z
Y F V F U E N X I D N Z P E
S E I Z E F E Z H U I T W I
D É C I M A L V E K J V E N
P C X S P X I D Z M A Z D S
C I N Q L X O D B J M T B S
```

CINQ	QUATORZE
DÉCIMAL	QUATRE
DIX-NEUF	QUINZE
DIX-SEPT	SEIZE
DIX-HUIT	SIX
DIX	SEPT
DOUZE	TROIS
DEUX	TREIZE
NEUF	VINGT
HUIT	ZÉRO

18 - Cioccolato

```
C C A L O R I E S K P R C I
A A R T I S A N A L O E A N
C D É T I L A U Q M U C C G
A É P C A R A M E L D E A R
H L X B S E O S Y M R T O É
U I P Q N M C V U V E T E D
È C N Q L A O E A C U E X I
T I T N S Q C Y M F R R O E
E E R C B I E D S N F E T N
S U W Z Z D D Y O F G E I T
N X X G T J X S G U C E Q Û
A R Ô M E Z I R N A X H U O
T N A D Y X O I T N A X E G
O P A X K Z N O B N O B I J
```

AMER
ANTIOXYDANT
CACAHUÈTES
ARÔME
ARTISANAL
CACAO
CALORIES
BONBON
CARAMEL
DÉLICIEUX

DOUX
EXOTIQUE
GOÛT
INGRÉDIENT
NOIX DE COCO
POUDRE
FAVORI
QUALITÉ
RECETTE
SUCRE

19 - Guida

```
C A R B U R A N T C N R E M
E S S E T I V M Z N A E M N
G Y T X E R E G N A D R É S
I L O O B N A U S R Z U T U
T T U N N E L F B Z V T I E
N R D T O I H P I W V I R G
E Z A G F U B Z W C M O U A
D G F N O T É I P L K V C R
I N Q A S U B I R I M T É A
C I Z B N P H H S C O P S G
C J E C I L O P F E T U O R
A J R Q E L F R O N E H H S
M O T O R D N S T C U Z C N
S J S P F T C Q T E R J W Q
```

VOITURE
BUS
CARBURANT
FREINS
GARAGE
GAZ
ACCIDENT
LICENCE
CARTE
MOTO

MOTEUR
PIÉTON
DANGER
POLICE
SÉCURITÉ
ROUTE
TRAFIC
TRANSPORT
TUNNEL
VITESSE

20 - I Media

```
Y A F C C I L B U P N P É I
J T A O N N R U Y Q S E D N
N T I M U D M É A L J I U T
L I T M M I E E S W Q R C E
O T S E É V Z N D E K T A L
C U W R R I J O L O A S T L
A D V C I D C U Z I Q U I E
L E M I Q U P J A D G D O C
E S I A U E K U F A S N N T
W Q O L E L C N F R T I E U
C O M M U N I C A T I O N E
J O U R N A U X I V A Q W L
D F I N A N C E M E N T B R
A L E F B P H O T O S E U Q
```

ATTITUDES
COMMERCIAL
COMMUNICATION
NUMÉRIQUE
ÉDUCATION
FAITS
FINANCEMENT
PHOTOS
JOURNAUX

INDIVIDUEL
INDUSTRIE
INTELLECTUEL
LOCAL
EN LIGNE
PUBLIC
RADIO
RÉSEAU

21 - Forza e Gravità

```
P E O R B I T E S C P P U D
M L X O U Y A P É A H R N É
O D A P Y W P B T E Y E I C
U Y V N A X V J É M S S V O
V N I O È N J X I S I S E U
E A T I O T S I R I Q I R V
M M E T U V E I P T U O S E
E I S C Y N I S O É E N E R
N Q S I U W M D R N Z R L T
T U E R K A P I P G Z G Y E
Z E L F V M A O G A S R Q O
C E N T R E C P O M C X C B
S T X J S G T X T E M P S U
U G G A D I S T A N C E N S
```

AXE
FRICTION
CENTRE
DYNAMIQUE
DISTANCE
EXPANSION
PHYSIQUE
IMPACT
MAGNÉTISME
MOUVEMENT

ORBITE
POIDS
PLANÈTES
PRESSION
PROPRIÉTÉS
DÉCOUVERTE
TEMPS
UNIVERSEL
VITESSE

22 - Sport

```
J O G G I N G P D F X S C S
A U B F I T C E J B O G Y P
M T S A N T É C É K C O C O
A A H O G Z P N T W P M L R
B K X L A F F A I S O E I T
Z W G I È F O R C E N N S S
S Z G U M T P U A L U T M D
C O R P S I E D P C T R E D
F T U B O I S N A S R A D I
J H Y R I D R E C U I Î A È
K D Z E I Y B L R M T N N T
P R O G R A M M E A I E S E
L U P A Q A M E C U O U E J
F L M N S S L O V Q N R L U
```

ENTRAÎNEUR
ATHLÈTE
CAPACITÉ
CYCLISME
CORPS
DANSE
DIÈTE
FORCE
JOGGING
MAXIMISER

MUSCLES
NAGER
NUTRITION
OBJECTIF
OS
PROGRAMME
ENDURANCE
SANTÉ
SPORTS

23 - Caffè

```
U O K P W H B B X B U E A Z
A C I D E K L E O Q S R E O
Q M J Y V I U A F I O C R T
Z R J V A G T U T Z S U D A
D X Y N R C R B O M D S U Q
A Q J O I R E M A I T T O Q
F R I I É È O O Y E G T M N
I U Ô R T M O R I G I N E N
L E V M É E D I U Q I L N D
T V F O E F D C T F J V I E
R A I U C U K P I Ô E X É Q
E S Q T A S S E A V R R F D
U H S P B L N K L V Y K A E
P R I X M A T I N E A D C A
```

ACIDE
EAU
AMER
ARÔME
RÔTI
BOISSON
CAFÉINE
CRÈME
FILTRE
SAVEUR
LAIT
LIQUIDE
MOUDRE
MATIN
NOIR
ORIGINE
PRIX
TASSE
VARIÉTÉ
SUCRE

24 - Uccelli

```
N M R A Z M C P O U L E T N
T O H C N A M Y P N Y G B A
H I N Y V A F I G I N Y G V
É N A C I L É P I N G W S Y
R E A M O U E T T E E E H J
O A D C E H Z B A F X T O A
N U O C U O C A Q L O I E N
X T O P C O D B C A Z M L O
C U N D O I T R M M O K G E
O H R H L Q Q M Y A C Y I U
P L I W O F D R A N A C A F
S O N M M Y V U O T Z C X Y
H A F O B A U T R U C H E M
P A O N E N G O G I C K U Z
```

HÉRON
CANARD
AIGLE
CIGOGNE
CYGNE
COLOMBE
COUCOU
FLAMANT
MOUETTE
OIE

MOINEAU
PAON
PÉLICAN
PIGEON
MANCHOT
POULET
AUTRUCHE
TOUCAN
OEUF

25 - Giorni e Mesi

```
T V V O S M M I Y G Z E D S
J E E A E R B O T C O Q I N
A N H J P E N I A M E S M G
N D F N T I M A R D I L A M
V R W C E R B M E V O N N E
I E R T M V I C G C G P C R
E D L E B É A A A V V H H C
R I Q L R F T V N P U D E R
B U T L E O Û N U N V J H E
L J U I N N O P N N É Y T D
I U T U R S A M E D I E L I
R E N J R E I R D N E L A C
V M G D W L Z O S S P X Y Y
A T O W I E R B M E C É D Y
```

AOÛT
ANNÉE
AVRIL
CALENDRIER
DÉCEMBRE
DIMANCHE
FÉVRIER
JANVIER
JUIN
JUILLET
LUNDI
MARDI
MERCREDI
MOIS
NOVEMBRE
OCTOBRE
SAMEDI
SEPTEMBRE
SEMAINE
VENDREDI

26 - Casa

```
R S N F B A L A I H E F C S
Y T Q C L Ô T U R E S G H O
G D M J A R D I N X M P B L
D B N U G A R A G E L I I C
W O G R E N I E R Y M A B H
O E U Q È H T O I L B I B A
D A E C C U I S I N E R V M
N K T P H A U T M T O I T B
O P E R V E V A Q I L E T R
F E N Ê T R E P B P R U O E
A P I T W V Q I D O F O K P
L M B B F E E S C R F C I G
P A O K M U R N S T B Q X R
D L R P E É N I M E H C R B
```

GRENIER
BIBLIOTHÈQUE
CHAMBRE
CHEMINÉE
CUISINE
DOUCHE
FENÊTRE
GARAGE
JARDIN
LAMPE

MUR
SOL
PORTE
CLÔTURE
ROBINET
BALAI
PLAFOND
MIROIR
TAPIS
TOIT

27 - Fantascienza

```
A M É N I C B E I L Z S J I
L T D F F U T U R I S T E L
D Z O L A D P E L M O O T L
E Y G M E N A F C O R B È U
X I S E I K T B M N A O N S
P M G T G Q D A S D C R A I
L A A S O G U K S E L O L O
O G L I L P O E E T E M P N
S I A L O I I D R I I O N E
I N X A N G U E V C K Q F N
O A I É H U H E I P O T U R
N I E R C M K B L O Q E A E
Q R X U E I R É T S Y M A W
L E U P T E X T R Ê M E X M
```

ATOMIQUE
CINÉMA
DYSTOPIE
EXPLOSION
EXTRÊME
FANTASTIQUE
FEU
FUTURISTE
GALAXIE
ILLUSION

IMAGINAIRE
LIVRES
MYSTÉRIEUX
MONDE
ORACLE
PLANÈTE
RÉALISTE
ROBOTS
TECHNOLOGIE
UTOPIE

28 - Città

```
F S H S W L T É H C R A M B
G A J S I N I G C Z G N B A
M A G A S I N B T O H T F N
C L I N I Q U E R Q L F F Q
P G A L E R I E P A R E K U
A H F U K W M N C H I U J E
É I A E R Z B N X D M R F E
R E I R E G N A L U O B I B
O M V T M C M M E J N G E E
P U Q Â X A Z É T H Q U U I
O S Z É S E C N Ô G W K C U
R É O H Q W I I H U O C V R
T E O T S H H C E S T A D E
U N I V E R S I T É T L G Y
```

AÉROPORT
BANQUE
CINÉMA
CLINIQUE
PHARMACIE
GALERIE
HÔTEL
LIBRAIRIE
MARCHÉ

MUSÉE
MAGASIN
BOULANGERIE
ÉCOLE
STADE
THÉÂTRE
UNIVERSITÉ
ZOO

29 - Fattoria #1

```
T E L U O P G X U M X A K C
L R O C C I W F A O L J F L
D U O V H H L C B F Â N E Ô
I T Q U T E A Q M I E L H T
S L E A P N V T F X R I C U
G U V E M E E A G I V M A R
T C M L A I A O L Q È L V E
J I F L H H B U J L H G Q B
F R P I C C K Y M J C J N C
B G B E A S C O C H O N J U
V A B B N H D M T X F R I Z
E Z T A S F B L F P O M G K
A E N G R A I S E N I A R G
U G J G T N U W M Q N A K W
```

EAU
AGRICULTURE
ABEILLE
ÂNE
CHAMP
CHIEN
CHÈVRE
CHEVAL
ENGRAIS
FOIN
CHAT
TROUPEAU
COCHON
MIEL
VACHE
POULET
CLÔTURE
RIZ
GRAINES
VEAU

30 - Psicologia

```
E T B É Y N Z T O M D P Y C
R N A F M J Q K B U I R E O
E É F X N O I T I N G O C N
G C A A T A T E N M C B O F
O C J L N L U I H R Q L M L
M Y E D I C A P O R C È P I
T T L E N T E A F N B M O T
E G V O F P É R V I S E R A
S E C N E I R É P X E B T S
O D R V I Y B H Z Q É I E A
O K F O B T Z T Y J S A M D
C L I N I Q U E O Y N A E Q
R E N D E Z V O U S E H N Z
I D É E S M V E Y I P K T Q
```

RENDEZ-VOUS
CLINIQUE
COGNITION
COMPORTEMENT
CONFLIT
EGO
ÉMOTIONS

EXPÉRIENCES
IDÉES
ENFANCE
PENSÉES
PROBLÈME
RÉALITÉ
THÉRAPIE

31 - Paesaggi

E	M	S	O	B	V	P	E	L	Î	K	N	P	Q
T	A	L	A	E	A	J	D	D	S	C	U	É	F
X	R	Y	S	O	L	N	A	C	L	O	V	N	U
S	A	E	I	Q	L	Q	C	E	Z	V	T	I	J
W	I	N	S	F	É	J	S	H	F	F	O	N	U
P	S	I	E	É	E	G	A	E	M	H	U	S	N
J	I	L	Z	L	D	O	C	É	A	N	N	U	A
S	X	L	K	I	C	E	B	E	R	G	D	L	I
H	S	O	P	L	A	G	E	T	E	P	R	E	F
X	C	C	V	M	E	R	W	T	S	C	A	V	O
G	L	A	C	I	E	R	D	O	Y	N	O	U	J
P	Q	Z	V	L	A	C	J	R	E	M	I	E	I
M	O	N	T	A	G	N	E	G	G	L	E	L	C
N	H	W	Z	Z	I	C	N	G	Q	V	C	F	A

CASCADE
COLLINE
DÉSERT
FLEUVE
GEYSER
GLACIER
GROTTE
ICEBERG
ÎLE
LAC

MER
MONTAGNE
OASIS
OCÉAN
MARAIS
PÉNINSULE
PLAGE
TOUNDRA
VALLÉE
VOLCAN

32 - Energia

```
M E É P O L L U T I O N V C
O L N L E S E I D R O W Q A
T B O V E N È G O R D Y H R
E A T C I C U K E C I O H B
U L O A R R T R G P A D E U
R E H R E N O R T C E L É R
E V P B T U E N I B R U T A
I U N O T N S S N Q C R D N
P O H N A Z S G S E U U D T
O N I E B B U C V E M E X U
R E I R T S U D N I N E T S
T R U E P A V R A O U C N N
N U C L É A I R E D X V E T
E F M C H A L E U R H O V F
```

ENVIRONNEMENT
BATTERIE
ESSENCE
CHALEUR
CARBONE
CARBURANT
DIESEL
ÉLECTRIQUE
ÉLECTRON
ENTROPIE

PHOTON
HYDROGÈNE
INDUSTRIE
POLLUTION
MOTEUR
NUCLÉAIRE
RENOUVELABLE
TURBINE
VAPEUR
VENT

33 - Ristorante #2

```
P N K I D U I J D E N G F G
B O O E U F R D S Î N A I Â
D T I U R F C É E Q N Z T T
D J T S A H U J R S N E I E
O Z Y B S J F E V E R S R A
S O U P E O N U E M U I É U
B P G A M G N N U U J A P É
O L Y L F B G E R G A H A P
I Y E A U A G R R É P C K I
S Q C S S C U I L L È R E C
S O A D É L I C I E U X N E
O G L L O D C U E D A L A S
N C G F O U R C H E T T E Z
U R X F X R I L E A U Q C G
```

EAU
APÉRITIF
BOISSON
SERVEUR
DÎNER
CUILLÈRE
DÉLICIEUX
FOURCHETTE
FRUIT
GLACE
SALADE
SOUPE
POISSON
DÉJEUNER
SEL
CHAISE
ÉPICES
GÂTEAU
OEUF
LÉGUMES

34 - Moda

```
O E C N A D N E T M M B J U
T R V O J N Q Y Q M O O C A
K E I W N D X Z E E D U H D
T E X G Z F T X U T E T E Z
E L P T I M O P Q S R I R V
B L W U U N C R I I N Q K M
O E B O U R A E T L E U M O
U T F N V E E L A A T E N D
T N A G É L É P R M B I Z È
O E I M F Y C M P I L L I L
N D U O N T P I H N B G E E
S N L S Z S U S S I T B I Z
A D B Q E S T N E M E T Ê V
B R O D E R I E T S E D O M
```

VÊTEMENTS
BOUTIQUE
CHER
CONFORTABLE
ÉLÉGANT
MINIMALISTE
MODÈLE
MODERNE
MODESTE
ORIGINAL
DENTELLE
PRATIQUE
BOUTONS
BRODERIE
SIMPLE
STYLE
TENDANCE
TISSU
TEXTURE

35 - Giardino

```
Y Z O H A V L T I D B R N V
T Y A R B R E E H C R O P U
H R D Z B F G R V E R G E R
A V A P N S A R M F Z J M C
M S V M H V R A L L P D C R
A L B W P F A S T E G K L Â
C W P I V O G S L U I K Ô T
B W B M E L L E P R F R T E
S A L N O S S I U B S J U A
O E N G I V N G N A T É R U
L U L C E S U O L E P Z E A
I Q T L G T Y I X P W E P Y
H E R B E J A R D I N U I U
G D L M S E F E E T G S I T
```

ARBRE
HAMAC
BUISSON
HERBE
FLEUR
VERGER
GARAGE
JARDIN
PELLE
BANC

PORCHE
PELOUSE
RÂTEAU
CLÔTURE
ÉTANG
SOL
TERRASSE
TRAMPOLINE
TUYAU
VIGNE

36 - Frutta

```
M U M L E H C Ê P S O V G G
U Û R F U N I S I A R L T E
V R R Y G F T B A N A N E E
K J D E N M R O R A N G E Z
A C G T A C O V A N O E Y W
J Q A L M W N V I A L N A K
N E C T A R I N E C E A P X
F R A M B O I S E E M B A R
R F G J E R A R M R N R P X
Y Q V B Y M L S M I W I K P
E Q U A S J I B O S F C A S
Q T X I X E T E P E Y O R Y
G W I E N U R P N H X T F A
P O I R E P X V R Q R R N T
```

ABRICOT
ANANAS
ORANGE
AVOCAT
BAIE
BANANE
CERISE
KIWI
FRAMBOISE
CITRON

MANGUE
POMME
MELON
MÛRE
NECTARINE
PAPAYE
POIRE
PÊCHE
PRUNE
RAISIN

37 - Fattoria #2

```
Z K N O U R R I T U R E R F
O I E S W X X R Q E H C U R
K V I R R I G A T I O N E U
A N E Q I R U E T C A R T I
G Z É R P I Y X K G X S L T
N I I X G L V N S F W N U B
E D X U A E D B I Z G L C E
A R M A Ï S R H L B S Q I R
U B C M P L G R A N G E R G
L L A I Y J L D O U M I G E
A É N N O T U O M R I D A R
M W A A P I Z K I J G R S D
A O R Q V A U W Z U A E N H
Q A D Q X L Q T V B G Q Y Z
```

AGNEAU
AGRICULTEUR
RUCHE
CANARD
ANIMAUX
NOURRITURE
GRANGE
FRUIT
VERGER
BLÉ

IRRIGATION
LAMA
LAIT
MAÏS
OIES
ORGE
BERGER
MOUTON
PRÉ
TRACTEUR

38 - Musica

```
M R Y T H M I Q U E I Q B V
P I I N S T R U M E N T S M
J O C C L A S S I Q U E V L
C B É R U E T N A H C U C O
H A U T O R Y T H M E Q W A
Œ L J R I P M U S I C I E N
U L X H W Q H K E T H N U E
R A R É P O U O I X A O Q I
N D F Q X X C E N Q L M I D
R E L S T E M P O E B R R O
C H A N T E R H M F U A Y L
Y Y C U H V X C R D M H L É
W I O L C T I L A C I S U M
V V V F V Z A E H V K P J K
```

ALBUM
HARMONIE
HARMONIQUE
BALLADE
CHANTEUR
CHANTER
CLASSIQUE
CHŒUR
LYRIQUE
MÉLODIE

MICROPHONE
MUSICAL
MUSICIEN
OPÉRA
POÉTIQUE
RYTHMIQUE
RYTHME
INSTRUMENT
TEMPO
VOCAL

39 - Barbecue

```
H S M S D K C Y T F F C I
J R H N É C H Z Z T J O N
H L X R J L X T B J M R U V
I F H L E S I T N Q U P T I
G Y E R U T I R R U O N E T
D W J M N H A Z G N Q C A A
S I L T E U Q I S U M R U T
T A E M R X S A U C E B X I
O P L F R U I T C H A U D O
M O L A R E N Î D F E D É N
A U I N D J O B S H M F T S
T L M A L E R V I O P A É G
E E A Y B L S N O N G I O S
S T F K Z F D Z E X E M P H
```

CHAUD
DÎNER
NOURRITURE
OIGNONS
COUTEAUX
ÉTÉ
FAIM
FAMILLE
FRUIT
JEUX
GRIL
SALADES
INVITATION
MUSIQUE
POIVRE
POULET
TOMATES
DÉJEUNER
SEL
SAUCE

40 - Riempire

```
D Z V G K W T Z C Q R L L D
C O T A T K I P S A E B U T
A B S T R Q R A L I R A B V
I O J S D Z O N F J I T T J
S U R V I S I I R Z V J O G
S T Z A E E R E P U A E S N
E E S L P H R R Q Z N N N B
S I A I P O C H E B O Î T E
A L C S O P L A T E A U A B
V L M E L S S U Y C O G H A
L E S J E K T P A Q U E T S
X U D H V S Y F S V R N R S
D G L E N X S E G C J M Y I
L V W G E R I O N G I A B N
```

BASSIN
BARIL
SAC
BOUTEILLE
ENVELOPPE
DOSSIER
CARTON
CAISSE
TIROIR
PANIER

NAVIRE
PAQUET
BOÎTE
SEAU
POCHE
TUBE
VALISE
BAIGNOIRE
VASE
PLATEAU

41 - Insetti

M	L	V	M	L	S	V	V	D	B	M	Z	S	Z
A	A	K	G	C	C	C	S	C	I	G	A	L	E
N	R	L	N	O	O	L	A	R	B	F	A	G	L
T	V	H	O	Q	C	I	M	R	U	O	F	W	L
E	E	S	L	N	C	B	A	C	A	U	E	A	E
Q	I	J	L	O	I	E	B	N	C	B	O	R	R
S	M	S	I	R	N	L	E	C	U	P	É	T	E
G	U	Ê	P	E	E	L	I	C	S	D	B	E	T
D	U	E	A	C	L	U	L	Q	A	G	N	U	U
V	T	S	P	U	L	L	L	P	S	F	Y	Q	A
U	H	X	X	P	E	E	E	I	M	S	A	I	S
T	E	R	M	I	T	E	I	N	O	L	E	R	F
V	E	R	M	O	U	S	T	I	Q	U	E	C	D
Q	M	O	U	C	H	E	R	O	N	L	F	D	R

PUCERON
ABEILLE
FRELON
SAUTERELLE
CIGALE
COCCINELLE
SCARABÉE
PAPILLON
FOURMI
LARVE
LIBELLULE
CRIQUET
MANTE
MOUCHERON
PUCE
CAFARD
TERMITE
VER
GUÊPE
MOUSTIQUE

42 - Fisica

```
B D E P A R T I C U L E F C
É L E C T R O N R A H B O H
R E L A T I V I T É B A R I
N U C L É A I R E N E J M M
F R É Q U E N C E S M P U I
A C C É L É R A T I O N L Q
U N I V E R S E L N T A E U
G X N H I K D V I Z A G H E
S R U E T O M E Q T S E Y C
V K A H N O I S N A P X E B
Z J H V I Z P E S S E T I V
S E U Q I N A C É M I N Z O
H E M S I T É N G A M T H Z
H D E L U C É L O M S I É O
```

ACCÉLÉRATION
ATOME
CHAOS
CHIMIQUE
DENSITÉ
ÉLECTRON
EXPANSION
FORMULE
FRÉQUENCE
GAZ

GRAVITÉ
MAGNÉTISME
MÉCANIQUE
MOLÉCULE
MOTEUR
NUCLÉAIRE
PARTICULE
RELATIVITÉ
UNIVERSEL
VITESSE

43 - Erboristeria

```
C E P S A J Y Y C É M I V L
P U S I W X A N E T H I X A
J D L T M Y H T M I O P L V
Z R G I R E S Q M L M E S A
C E L G N A N B A A A R J N
F L E U R A G T R U R S E D
J A R D I N I O H Q J I T E
R O M A R I N R N E O L Z Z
H O R I G A N R E C L A I L
Z E U Q I T A M O R A I X A
S V I W V E U C I L I S A B
I N T K L Z L I U O N E F E
I N G R É D I E N T E Q S Y
S A F R A N O Z R Z V E R T
```

AIL
ANETH
AROMATIQUE
BASILIC
CULINAIRE
ESTRAGON
FENOUIL
FLEUR
JARDIN
INGRÉDIENT
LAVANDE
MARJOLAINE
MENTHE
ORIGAN
PERSIL
QUALITÉ
ROMARIN
THYM
VERT
SAFRAN

44 - Danza

```
W K D J H D M P R P S A U T
G N X Z Z F O L K N D P T O
D R V P I X U E Y O J A R J
E J Â G C O V U Y I T R A C
P X Z C U C E Q X T C T D L
V O P Y E K M I B O R E I A
X M S R Q Y E S L M F N T S
C S D T E H N U O É D A I S
R I I U U S T M T F D I O I
E M H T Y R S P R O C R N Q
A R M G D B E I H L W E N U
A C A D É M I E F H X Z E E
W S J G C U L T U R E L L I
C H O R É G R A P H I E P J
```

ACADÉMIE
ART
CLASSIQUE
PARTENAIRE
CHORÉGRAPHIE
CORPS
CULTUREL
ÉMOTION
EXPRESSIF
JOYEUX
GRÂCE
MOUVEMENT
MUSIQUE
POSTURE
RYTHME
SAUT
TRADITIONNEL

45 - Attività Commerciale

```
R E S I R P E R T N E N I L
H E H L E S C W R K M O M X
G B V E Y B N M L U P I P C
Q T N E G R A U V S L T Ô A
V M X Y N P N J T Û O C T R
C S J K E U I A O H Y U S R
É D T V S C F C E X É D W I
C B C P I B U S I N E É V È
O U B T V L E S J X R R E R
N R R U E Y O L P M E H N E
O E S I D N A H C R A M T Z
M A R S C G Q X H E U O E U
I U C B T B E U Q I T U O B
E K T Z G D M T I F O R P W
```

BUDGET
CARRIÈRE
COÛT
EMPLOYEUR
EMPLOYÉ
ÉCONOMIE
USINE
FINANCE
MARCHANDISE
BOUTIQUE
PROFIT
REVENU
RÉDUCTION
ENTREPRISE
ARGENT
IMPÔTS
BUREAU
DEVISE
VENTE

46 - Fiori

```
L L J Q X L F W R G Z T Z A
A I H O L Y N I B M T V X I
V L I P N S J E Y T J E Z L
A A B I C Q J É H O J T O O
N S I V W B U D T K A I O N
D E S O R E A I N É D R A G
E V C I T S R H L B K E B A
L N U N Q V S C O L K U O M
A I S E L F È R T E E G U T
T M V O X D T O V A P R Q U
É S T O U R N E S O L A U L
P A S S I F L O R E M M E I
V J K C P L U M E R I A T P
Z T B T Z Z U S F O C B A E
```

GARDÉNIA
JASMIN
LYS
TOURNESOL
HIBISCUS
LAVANDE
LILAS
MAGNOLIA
MARGUERITE
BOUQUET

JONQUILLE
ORCHIDÉE
PAVOT
PASSIFLORE
PIVOINE
PÉTALE
PLUMERIA
ROSE
TRÈFLE
TULIPE

47 - Filantropia

```
F R O Q O C W G Z X C M B C
F O V Q X H M R K V I I L O
O B N Y A A D O N U Q S V N
P G Y D A R É U M X A S S T
V R D C S I F P V H V I N A
D C O N V T I E O Z Z O Y C
J Q F G T É S S N E G N E T
F E W S R H I S T O I R E S
G A U T R A P U B L I C M R
L C M N S N M F I N A N C E
O I N A E S V M B E S O I N
B G A F F S C A E K Q X K J
A V I N H W S M H S T U B W
L T T E B C E E V J D K P Z
```

ENFANTS
BESOIN
CHARITÉ
CONTACTS
FINANCE
FONDS
JEUNESSE
GLOBAL

GROUPES
MISSION
BUTS
GENS
PROGRAMMES
PUBLIC
DÉFIS
HISTOIRE

48 - Ecologia

```
V F U N O W E X L W T C H V
I A L J C L I M A T D O A É
A J R O Z W P R B F I M B G
N X X I R T G D O S V M I É
Q K X N É E R Z L E E U T T
F A U N E T P P G C R N A A
N X K O G I É P R R S A T T
V S I A R A M X H U I U S I
M E E M A R I N T O T T U O
T S S T B C Q R B S É É R N
S C C Y N C N Y Y S Q S V S
L E R U T A N N B E K C I M
N A T U R E L B A R U D E Q
Q Q C P A E S P È C E A X O
```

CLIMAT
COMMUNAUTÉS
DIVERSITÉ
FAUNE
FLORE
GLOBAL
HABITAT
MARIN
NATURE
NATUREL
MARAIS
PLANTES
RESSOURCES
SURVIE
DURABLE
ESPÈCE
VARIÉTÉ
VÉGÉTATION

49 - Discipline Scientifiche

```
C E B I O L O G I E W O N B
E I M I H C A N A T O M I E
U G M P H Y S I O L O G I E
Q O B M A S T R O N O M I E
I L O G U B I O C H I M I E
N O T É Z N O I T I R T U N
A R A O X Z O C O J E E E E
C U N L X T H L O W G S F E
É E I O G E K F O V B F U A
M N Q G I S F U Y G B N L G
J W U I E I G O L O I C O S
J E E E I G O L O C É E J W
L I N G U I S T I Q U E X H
G F M É T É O R O L O G I E
```

ANATOMIE
ASTRONOMIE
BIOCHIMIE
BIOLOGIE
BOTANIQUE
CHIMIE
ÉCOLOGIE
PHYSIOLOGIE
GÉOLOGIE
IMMUNOLOGIE
LINGUISTIQUE
MÉCANIQUE
MÉTÉOROLOGIE
NEUROLOGIE
NUTRITION
SOCIOLOGIE

50 - Scienza

```
E C W I Z F W S T M U K C C
R X L K I A O E D O H T É M
I C P I G I Q É V L G P M T
O H W É M T L N K É R A O V
T I F E R A N N Z C A R B D
A M P E F I T O E U V T S T
R I E T F U E D F L I I E M
O Q L D X Z M N L E T C R I
B U I E S J O B C S É U V N
A E S E R U T A N E R L A É
L N S E H G A Q X D B E T R
É V O L U T I O N J B S I A
X C F Y P H Y S I Q U E O U
L R M H Y P O T H È S E N X
```

ATOME
CHIMIQUE
CLIMAT
DONNÉES
EXPÉRIENCE
ÉVOLUTION
FAIT
PHYSIQUE
FOSSILE

GRAVITÉ
HYPOTHÈSE
LABORATOIRE
MÉTHODE
MINÉRAUX
MOLÉCULES
NATURE
OBSERVATION
PARTICULES

51 - Imbarcazioni

```
F E N E R A Q F K T K L S V
M E É U O B O C É A N V H A
A G R E I L I O V B Y H C G
R A T R G H E M Z Q P A K U
É P Â P Y D U A E D A R K E
E I M E P L Q T E B V S X S
G U A K M D I G M N T D R L
Q Q R V M Q T B P E V Y Q E
X É I F L E U V E D R F C F
Ë E N D L K A W T R U O T Y
O B T X L J N Q H O E O Q J
N C X A G S L A C C T F G T
A N C R E D Y S A M O W A Y
C C D L Z T Y D Y Z M B A S
```

MÂT
ANCRE
VOILIER
BOUÉE
CANOË
CORDE
ÉQUIPAGE
FLEUVE
KAYAK
LAC

MER
MARÉE
MARIN
MOTEUR
NAUTIQUE
OCÉAN
VAGUES
FERRY
YACHT
RADEAU

52 - Chimica

```
H C B M É L E C T R O N I V
Q Y H H O Q F M Q R V B O X
X K D L F L E S N U J N N Y
K L G R O S É C L E D I C A
P U G U O R X C I S E A G A
V Z I E B G E Z U Y T N B L
N G O L J P È B H L M O C I
Y S Z A G L V N B A E X A Q
V Y C H M I O I E T A Y R U
H B B C P O I D S A U G B I
N U C L É A I R E C V È O D
A L C A L I N Z Y K P N N E
O R G A N I Q U E G N E E F
A T O M I Q U E E N Z Y M E
```

ACIDE
ALCALIN
ATOMIQUE
CHALEUR
CARBONE
CATALYSEUR
CHLORE
ÉLECTRON
ENZYME
GAZ
HYDROGÈNE
ION
LIQUIDE
MOLÉCULE
NUCLÉAIRE
ORGANIQUE
OXYGÈNE
POIDS
SEL

53 - Api

```
F G P N O U R R I T U R E P
A I L E S D S E T N A L P O
J J F L E U R R T S Q Y É L
D Y V E É J U R U R I A C L
H I M I M F E X E C T F O E
A T V M U U L F R I H U S N
B U L E F K F Q I R N E Y I
I E M S R A A H C C L E S N
T I U R F S Q Y J R P S T S
A F Y Z E M I A S S E O È E
T J A R D I N T S I Z L M C
N X H T R M U H É Y U E E T
B É N É F I Q U E E U I K E
U P E I G R V F B Y G L N H
```

AILES
RUCHE
BÉNÉFIQUE
CIRE
NOURRITURE
DIVERSITÉ
ÉCOSYSTÈME
FLEURS
FLEUR
FRUIT

FUMÉE
JARDIN
HABITAT
INSECTE
MIEL
PLANTES
POLLEN
REINE
ESSAIM
SOLEIL

54 - Strumenti Musicali

```
M B X H A U T B O I S T S M
B A A J K W R O J E T A A A
O B N N T J D O L T R M X R
T Z K D J P N J F T O B O I
N U K U O O I N T E M O P M
F L Û T E L Q A X P B U H B
E F F U P Y I A N M O R O A
J Z N P R L J N W O N I N V
Y O Z V A S Y L E R E N E I
R W S R H I A Y S T S G P O
P E R C U S S I O N L O F L
C I F L B A S S O N X N U O
U R H A R M O N I C A G D N
T A M B O U R G U I T A R E
```

HARMONICA
HARPE
BANJO
GUITARE
BASSON
FLÛTE
GONG
MANDOLINE
MARIMBA

HAUTBOIS
PERCUSSION
PIANO
SAXOPHONE
TAMBOURIN
TAMBOUR
TROMPETTE
TROMBONE
VIOLON

55 - Professioni #2

```
J H U N E T O L I P A T Y M
O R R E H N W S N W A H S V
U U U I P U S G V F S D J L
R E E G A M X E R T N I E P
N H T R R É L I I R L Z E P
A C N U G D T X W G G C A P
L R E R O E T S I T N E D L
I E V I T C E T É D I A E R
S H N H O I T R J G J A N M
T C I C H N V S E U Q Q L T
E L E J P J A R D I N I E R
I L L U S T R A T E U R O F
I N G É N I E U R I R Z A D
L I N G U I S T E M F G C U
```

CHIRURGIEN
DENTISTE
DÉTECTIVE
PHOTOGRAPHE
JARDINIER
JOURNALISTE
ILLUSTRATEUR
INGÉNIEUR

ENSEIGNANT
INVENTEUR
LINGUISTE
MÉDECIN
PILOTE
PEINTRE
CHERCHEUR

56 - Letteratura

```
R U E T U A R D K U X I N T
A Y T R A G É D I E U K O E
A N T D I A L O G U E M I R
N O A H R S P I I O L P N O
E I S L M Z U O E R Y S I H
C T B R O E G R É J T B P P
D P I Z D G S Z X T S P O A
O I X B E A I L X T I U O T
T R G E N R E E A H A Q W É
E C P O È M E M M È S U U M
U S Z S V Y K N A M O R Q E
J E A N A L Y S E E H H U A
O D C O N C L U S I O N Y J
B I O G R A P H I E F L D G
```

ANALYSE
ANALOGIE
ANECDOTE
AUTEUR
BIOGRAPHIE
CONCLUSION
DESCRIPTION
DIALOGUE
GENRE
MÉTAPHORE

OPINION
POÈME
POÉTIQUE
RIME
RYTHME
ROMAN
STYLE
THÈME
TRAGÉDIE

57 - Cibo #2

```
B Y A O U R T Q L O P R C A
W R G B E U N M E W O A É U
U K O J Y M L M L N U I L B
T C S C N B S C Q D L S E E
W X J E O Y Q A P N E I R R
P A I N B L J K D Z T N I G
F C Q T M E I C E R I S E I
F R O M A G E P K D B R T N
U D B L J M G O K C A Q O E
E J I L U Y L M Q K N O M G
O R J J É Z X M G S A Z A D
P O I S S O N E O J N U T A
C H A M P I G N O N E E E A
C H O C O L A T K I W I F Y
```

BANANE
BROCOLI
CERISE
CHOCOLAT
FROMAGE
CHAMPIGNON
BLÉ
KIWI
POMME
AUBERGINE

PAIN
POISSON
POULET
TOMATE
JAMBON
RIZ
CÉLERI
OEUF
RAISIN
YAOURT

58 - Nutrizione

```
A V S O E S A U C E C K G P
N O I T A T N E M R E F L R
O U É P I C E S A I E Q U O
I V T É S D I O P H N Q C T
T I X R E A P P É T I T I É
S T Y B I N X N T I X T D I
E A Z I R T N O I P O I E N
G M I L O P I S L Z T W S E
I I M I L G A F A D N E K S
D N U U A B S D U P I H K I
L E U Q C X D H Q H M È N P
G W B É D W P S A N T É T V
C O M E S T I B L E T B P E
L I Q U I D E S A M E R R S
```

AMER
APPÉTIT
ÉQUILIBRÉ
CALORIES
GLUCIDES
COMESTIBLE
DIÈTE
DIGESTION
FERMENTATION
LIQUIDES

NUTRITIF
POIDS
PROTÉINES
QUALITÉ
SAUCE
SANTÉ
SAIN
ÉPICES
TOXINE
VITAMINE

59 - Matematica

```
A S N É R R A C V P D S S C
W R O R I O N Z O O I R Y I
P L I L K M G O L L V E M R
E Q T T R H L G U Y I C É C
E E A G H C E P M G S T T O
Z L U F É M S Z E O I A R N
Q G Q U G O É S J N O N I F
Z N É D E G M T O E N G E É
O A N X S O R É I M W L Q R
D I A M È T R E T Q M E R E
J R D É C I M A L R U E A N
M T E X P O S A N T I E Y C
F R A C T I O N G I U E O E
P F P A R A L L È L E R N O
```

ANGLES
ARITHMÉTIQUE
CIRCONFÉRENCE
DÉCIMAL
DIAMÈTRE
DIVISION
ÉQUATION
EXPOSANT
FRACTION
GÉOMÉTRIE
PARALLÈLE
POLYGONE
CARRÉ
RAYON
RECTANGLE
SYMÉTRIE
SOMME
TRIANGLE
VOLUME

60 - Meditazione

```
A C U I C T D J O G W N P U
T O E H J I L O B F E U E Y
T M G U S N H C S M F D H C
E P J U W C M U E R U T A N
N A C N O I T A R I P S E R
T S G L W X K H V Z X K T X
I S É R A S K M A G N W N Q
O I P M A R L Z T M K Z E S
N O A O O T T Z I C A L M E
K N I X U T I É O U O A E É
O R X Y C I I T N N W T V S
M U S I Q U E O U L L N U N
P O S T U R E Z N D B E O E
D L Y O X T I R P S E M M P
```

ATTENTION
CALME
CLARTÉ
COMPASSION
ÉMOTIONS
GRATITUDE
MENTAL
ESPRIT

MOUVEMENT
MUSIQUE
NATURE
OBSERVATION
PAIX
PENSÉES
POSTURE
RESPIRATION

61 - Elettricità

```
G B B T S H M W Z G E U R Q
É A D É F T O T H G D J O R
N T A L G N O E Y A N I Y F
É T U É S A C C L F B H F O
R E E P N M D R K Z R K B B
A R L H S I M N B A L M T J
T I U O U A E S É R G E O E
E E O N L A M P E M L E X T
U V P E U Q I R T C E L É S
R G M Z S L V X A F C G X K
Q U A N T I T É E B I W U B
C Â B L E W R E S A L L A B
W T T N E M E P I U Q É S C
P O S I T I F I T A G É N P
```

ÉQUIPEMENT
BATTERIE
CÂBLE
STOCKAGE
ÉLECTRIQUE
FILS
GÉNÉRATEUR
LAMPE
AMPOULE

LASER
AIMANT
NÉGATIF
OBJETS
POSITIF
PRISE
QUANTITÉ
RÉSEAU
TÉLÉPHONE

62 - Antiquariato

```
P R I X Z H A M M E A G R C
D R Q W N I U R H S R A E O
A É G I B K J W T H T L S N
U G C P I È C E S P I E T D
T S I O E L Y T S V C R A I
H J É V R U E L A V L I U T
E Q L I U A E E L T E E R I
N U É E T E T N T D P Q A O
T A G U P S Y I C B L E T N
I L A X L V F Z F H B J I L
Q I N D U N P N U F È Y O B
U T T K C S I È C L E R N M
E É K V S E L B U E M E E R
I N H A B I T U E L G D P S
```

ART   PIÈCES
ARTICLE   PRIX
ENCHÈRES   QUALITÉ
AUTHENTIQUE   RESTAURATION
CONDITION   SCULPTURE
DÉCORATIF   SIÈCLE
ÉLÉGANT   STYLE
GALERIE   VALEUR
INHABITUEL   VIEUX
MEUBLES

63 - Escursionismo

```
W H T H L C D P C L I M A T
V Y G K O A G I L L M P Q L
F U P E U M F E M X H Q O E
N A O N R P V R N U P J F C
O E L G D I H R T A E E U A
I G I A D N W E C M T V K R
T A E T I G L S L I P U L T
A V L N D S R E G N A D R E
R U O O B E E A S A Q M D E
A A S M R D U T E M M O S O
P S V N O I T A T N E I R O
É M Q P É U G I T A F Y K I
R E I F O G Q B O S R M U N
P A R C S J Q I B V I I P K
```

EAU
ANIMAUX
CAMPING
CLIMAT
GUIDES
CARTE
MONTAGNE
NATURE
ORIENTATION
PARCS

DANGERS
LOURD
PIERRES
PRÉPARATION
FALAISE
SAUVAGE
SOLEIL
FATIGUÉ
BOTTES
SOMMET

64 - Professioni #1

```
K C P H A R M A C I E N B I
B H A P A N Q J R A T D A N
I A S E S L P W E V S A N F
Q S T N N Y T V I O N Q I
M S R T U Q C H B C N S U R
U E O R X C A H M A A E I M
S U N A Q Y W O O T I U E I
I R O Î O X K D L L P R R È
C B M N G Y O Q P O O D Q R
I H E E T S I T R A D G T E
E O E U G O L O É G B K U I
N J S R B I J O U T I E R E
S C I E N T I F I Q U E K Z
É D I T E U R W U O P V I P
```

ENTRAÎNEUR
ARTISTE
ASTRONOME
AVOCAT
DANSEUR
BANQUIER
CHASSEUR
ÉDITEUR
PHARMACIEN

GÉOLOGUE
BIJOUTIER
PLOMBIER
INFIRMIÈRE
MUSICIEN
PIANISTE
PSYCHOLOGUE
SCIENTIFIQUE

65 - Antartide

```
O L P K U W F S Î P S P Z M
E S F W U W C I L O G T W I
H E J L W F B A E Y Z N F N
X U E H C O R O S G U U Y É
E Q C O N T I N E N T A C R
X I E I H P A R G O É G W A
P F E L U S N I N É P E J U
É I A P R U E H C R E H C X
D T N E M E N N O R I V N E
I N K A W S R E I C A L G P
T E V W Z N B K U E B K V O
I I N J B G F X K G L A C E
O C S J W M I B I W U A E F
N S M I G R A T I O N C B X
```

EAU
ENVIRONNEMENT
BAIE
BALEINES
CONTINENT
GÉOGRAPHIE
GLACIERS
GLACE
ÎLES
MIGRATION
MINÉRAUX
NUAGE
PÉNINSULE
CHERCHEUR
ROCHEUX
SCIENTIFIQUE
EXPÉDITION

66 - Libri

```
T A H S P O É S I E G A P P
R A É I É N A R R A T E U R
A U P Y S R O Q N T X D S H
G T I P Y T I S A T L R Y B
I E Q É Y D O E M S V U C B
Q U U Z C P B I O U R F Z O
U R E J E R I A R É T T I L
E G T W S E I F U E K V D K
Q T X Y Q U N T E I M K U D
C J E U Q I R O T S I H A Y
F I T N E V N I C N H J L W
Z T N E N I T R E P J E I Y
T N O I T C E L L O C Z T N
F G C A V E N T U R E G É L
```

AUTEUR
AVENTURE
COLLECTION
CONTEXTE
DUALITÉ
ÉPIQUE
INVENTIF
LITTÉRAIRE
LECTEUR
NARRATEUR
PAGE
POÉSIE
PERTINENT
ROMAN
ÉCRIT
SÉRIE
HISTOIRE
HISTORIQUE
TRAGIQUE

67 - Geografia

```
L O N G I T U D E T L Q A O
A T L A S X B G Z N A W K C
J V V R N O I G É R T O X O
C A R T E O R T I E I P E N
M H M Q I F U K N M T F R T
O É R C D Q Y E X I U F I I
N M B F I U Z K S Z D R O N
T I R G R U L Q A T E C T E
A S V O É R S S Y A P L I N
G P S I M W F U C H W C R T
N H J Y L E E D N O M N R D
E È J B Z L M G E Î S S E M
J R E B Z D E V U E L F T M
Q E A L T I T U D E K E L D
```

ALTITUDE
ATLAS
VILLE
CONTINENT
HÉMISPHÈRE
FLEUVE
ÎLE
LATITUDE
LONGITUDE
CARTE

MER
MÉRIDIEN
MONDE
MONTAGNE
NORD
OUEST
PAYS
RÉGION
SUD
TERRITOIRE

68 - Cibo #1

```
D R P J Z M N C W U X R J C
I Y O J U S E D A L A S T A
Z X I T I J L N L B M C K R
O D R A N I P É T U D Y T O
P I E G R O H H J H P X N T
M C G G Â T E A U V E Z A T
A I L N Y B W N V I S M V E
R L K O O F H O Z A I U E X
B I R R S N H H X N A T T N
P S V T L A I T P D R F M B
N A Z I E E Z M S E F F K M
K B A C J Z S S U C R E Y R
O V G C A N N E L L E Q Y L
B X X W I E Q W X E L X S Z
```

AIL
BASILIC
CANNELLE
VIANDE
CAROTTE
OIGNON
FRAISE
SALADE
LAIT
CITRON

MENTHE
ORGE
POIRE
NAVET
SEL
ÉPINARD
JUS
THON
GÂTEAU
SUCRE

69 - Etica

```
A L T R U I S M E P C E Y F
S A G E S S E É T M W B X U
T T L L K T M T Z N E Z U P
C Q D E É Q Y I J Z L J E J
O O E I T B A R V M B M U A
P V M H I H U G F B A Z T H
T A S P N V K É H H N S C O
I L I O A P A T I E N C E N
M E L S M S M N R U O T P N
I U A O U X S I P O S C S Ê
S R É L H É T I N G I D E T
M S R I P N J M O V A W R E
E B S H U E W U U N R D Y T
C O O P É R A T I O N E G É
```

ALTRUISME
COMPASSION
COOPÉRATION
DIGNITÉ
PHILOSOPHIE
INTÉGRITÉ
HONNÊTETÉ
OPTIMISME

PATIENCE
RAISONNABLE
RÉALISME
RESPECTUEUX
SAGESSE
HUMANITÉ
VALEURS

70 - Aeroplani

```
P I L O T E R Q H H L C S D
É Q U I P A G E D I N O R E
A N A Z F E J U J S A N P S
D T J A P N A X C T B S N C
O L T E R È H P S O M T A E
R A B E V G R R W I P R D N
U L J R R O E E D R P U I T
E E L U U R Q G L E I C R E
T L U T E D I A J W P T E C
U P X N T Y H S Q V A I C H
A R K E O H M S S C J O T N
H I T V M A V A N A Q N I U
B X R A A D Y P B E G J O G
J J M I A B A L L O N E N Y
```

HAUTEUR
AIR
ATMOSPHÈRE
ATTERRISSAGE
AVENTURE
CIEL
CONSTRUCTION
DIRECTION

DESCENTE
ÉQUIPAGE
HYDROGÈNE
MOTEUR
BALLON
PASSAGER
PILOTE
HISTOIRE

71 - Governo

```
L W R E D A E L C M V V D L
A O F T C I R T S I D B É D
X Y I I R U S O A H E A M K
I N I H J L R C P J B E O É
P É T E N N E Y O T I C C T
N O I T A N S V O U D I R A
A S L É G A L I T É R T A T
T Y I I O Z P Y T A Y S T F
I M V É T R E B I L Q U I G
O B I P R I A A V G X J E T
N O C N M U Q N E D F A W T
A L N O I S S U C S I D X P
L E C K O L T N E M U N O M
I N D É P E N D A N C E D I
```

LEADER
CITOYENNETÉ
CIVIL
DÉMOCRATIE
DISCOURS
DISCUSSION
JUSTICE
INDÉPENDANCE
LOI

LIBERTÉ
MONUMENT
NATIONAL
NATION
POLITIQUE
DISTRICT
SYMBOLE
ÉTAT
ÉGALITÉ

72 - Bellezza

```
R S N M S E C I V R E S P B
O Q Z H O O M H J B G Q E O
É L É G A N C E A O A C A U
P L I S S E É U C R Z Z U C
H A H R W P L Q N Â M G W L
U D R C E N É I X M R E S E
I A L F B F G T M I U G T S
L J Q M U C A É A R E J Y T
E M I H G M N M S O L O L I
S V W Z N I T S C I U L I U
C I S E A U X O A R O L S D
I O A S R Q V C R Q C C T O
P G N I O O P M A H S F E R
M R E U Q I N É G O T O H P
```

COULEUR
COSMÉTIQUE
ÉLÉGANT
ÉLÉGANCE
CHARME
CISEAUX
PHOTOGÉNIQUE
PARFUM
GRÂCE
LISSE

MASCARA
HUILES
PEAU
PRODUITS
BOUCLES
SERVICES
SHAMPOOING
MIROIR
STYLISTE

73 - Avventura

```
D S É C U R I T É N H R N A
N O U V E A U N F O O J O L
V O Y A G E S O T P R M I T
N A T U R E G I I P J A T X
I D B M A I M T N O J N A R
T A I E W E N A H R E O N Y
I N B A A R F R A T X I I X
N G J M C U P A B U C T T E
É E B I A O T P I N U A S D
R R K S S V F É T I R G E É
A E S P A A T R U T S I D F
I U I R K R L P E É I V E I
R X U J P B T N L Y O A T S
E I A C T I V I T É N N U G
```

AMIS
ACTIVITÉ
BEAUTÉ
BRAVOURE
DESTINATION
EXCURSION
JOIE
INHABITUEL
ITINÉRAIRE
NATURE
NAVIGATION
NOUVEAU
OPPORTUNITÉ
DANGEREUX
PRÉPARATION
DÉFIS
SÉCURITÉ
VOYAGES

74 - Forme

```
L X N S É Z G E R P H C N Q
I J N P T E B L B R Y Y J G
H A F H Ô Y P G H I P L A Y
P E S È C O I N L S E I Z C
C Y E R K Q A A K M R N L E
R O R E N L I T M E B D Ô L
S M U A F G Z C C N O R Q C
P L R R M D Z E U G L E T R
J J P N B I X R B I E S D E
G E D G D E D Y E L S D D C
E L L I P S E E C A R R É A
P O L Y G O N E L A V O S R
T R I A N G L E D F G B A C
K U S P A W K Z K H W Q X L
```

COIN
ARC
BORDS
CERCLE
CYLINDRE
CÔNE
CUBE
COURBE
ELLIPSE
HYPERBOLE

CÔTÉ
LIGNE
OVALE
PYRAMIDE
POLYGONE
PRISME
CARRÉ
RECTANGLE
SPHÈRE
TRIANGLE

75 - Oceano

```
C R R E Q U I N Y M W V B E
J Q É J J T A A C A H A A K
N Z H C H U H P W R L G L V
L C P E I C E C B É U U E C
G F O T Y F O O A E U E I R
H E I Ê P J S R T S N S N E
A L S P Y F L A E L I U E V
M L S M S E L I A J H F U E
H I O E É E P L U O P W T T
Y U N T E D T H O N U I R T
H G Î Q N A U C X P A Z O E
X N D T L U N S T I D O T Z
G A A T R X H Z E B A R C W
C G M Z J E G N O P É V T V
```

ANGUILLE
BALEINE
BATEAU
CORAIL
DAUPHIN
CREVETTE
CRABE
MARÉES
MÉDUSE
VAGUES

HUÎTRE
POISSON
POULPE
SEL
RÉCIF
ÉPONGE
REQUIN
TORTUE
TEMPÊTE
THON

76 - Famiglia

```
X P A H R E H S L T L G D G
W V A M A T E R N E L R F R
P A F T L S F P Y T F A K A
P F R E E W O B D N F N J N
K C P I M R N E U A E D G D
F R È R E M N W U T N M M P
S T N A F N E E E R F È P È
E K I M T Q L C L J A R È R
R Z S L J K L N C U N E R E
W P U H V I I A N M T R E G
T N O R V W F F O E A È L N
A N C Ê T R E N N A P M P W
M K Y W Z R U E X U E V E N
B N Q E N K L P I X B A T C
```

ANCÊTRE
ENFANTS
ENFANT
COUSIN
FILLE
FRÈRE
JUMEAUX
ENFANCE
MÈRE
MARI

MATERNEL
FEMME
NEVEU
GRAND-MÈRE
GRAND-PÈRE
PÈRE
PATERNEL
SOEUR
TANTE
ONCLE

77 - Creatività

```
I M P R E S S I O N G J H A
P D F I T N E V N I B C X U
N U T R M O X I N O N U S T
O F O W Z A V I S I O N S H
I X L P L G G G H V I O I E
S N É U H R W E R V T I N N
S N T H I Y N M Y I A T T T
E U R U R D L S K T S A E I
R W A C I E I G E A N R N C
P G L M C T Y T J L E I S I
X V C T B O I L É I S P I T
E Q O L F H F O S T W S T É
S P O N T A N É N É M N É H
É M O T I O N S E É D I E W
```

AUTHENTICITÉ
CLARTÉ
ÉMOTIONS
EXPRESSION
FLUIDITÉ
IDÉES
IMAGE
IMPRESSION
INTENSITÉ
INTUITION
INVENTIF
INSPIRATION
SENSATION
SPONTANÉ
VISIONS
VITALITÉ

78 - Emozioni

```
R W D N J Z X R E F M G A S
S E O É E O Z X X E D E U P
A I C C T P L T C I U N N E
T H S O O E P U I L L T E E
I T U G N L N O T E Q I T M
S A R P Z N È D É R S L N B
F P P U T H A R U E P L O A
A M R Y P L Y I E X O E C R
I Y I C A L M E S A X S J R
T S S W X M J S Q S I S O A
L X E O X N Q T S U A E I S
T E N D R E S S E L P N E S
U É T I L L I U Q N A R T É
G Z P A Q B T A M O U R C A
```

AMOUR
CALME
CONTENU
EXCITÉ
GENTILLESSE
JOIE
RECONNAISSANT
EMBARRASSÉ
ENNUI
PAIX

PEUR
COLÈRE
DÉTENDU
RELIEF
SYMPATHIE
SATISFAIT
SURPRISE
TENDRESSE
TRANQUILLITÉ

79 - Natura

```
A C K G L A C I E R Y T T Q
B T I S E L L I E B A R F M
R H R P E G A U N M B O E A
I H L H Q N R X N L E P U R
F L E U V E G U K A A I I C
B R O U I L L A R D U C L T
É R O S I O N M T M T A L I
V I T A L P S I Z N É L A Q
T E H B O D E N E H O Q G U
R Q P C S P R A S G I M E E
E U P X F J E S A U V A G E
S W Q H E R I A U T C N A S
É C B O W D N F O R Ê T U K
D Y N A M I Q U E D Y Q Z I
```

ANIMAUX
ABEILLES
ARCTIQUE
BEAUTÉ
DÉSERT
DYNAMIQUE
ÉROSION
FLEUVE
FEUILLAGE
FORÊT

GLACIER
MONTAGNES
BROUILLARD
NUAGE
ABRI
SANCTUAIRE
SAUVAGE
SEREIN
TROPICAL
VITAL

80 - Balletto

```
C I X I Y I N T E N S I T É
H B G S E L C S U M R C O B
O L O S W P U R Q V U O R A
R P M C M J P B I E E M C L
É P R U O D M Y S U S P H L
G G U A H M A E U Q N É E E
R R D B T V P F M I A T S R
A A P A L I I O G T D E T I
P C G D C I Q E S S O N R N
H I E B J F C U J I I C E E
I E S C J P J P E T T E M O
E U T R Y T H M E R V E R T
Y X E L Y T S Y C A O S U V
B R É P É T I T I O N I V R
```

COMPÉTENCE
ARTISTIQUE
SOLO
BALLERINE
DANSEURS
COMPOSITEUR
CHORÉGRAPHIE
GESTE
GRACIEUX

INTENSITÉ
MUSCLES
MUSIQUE
ORCHESTRE
PRATIQUE
RÉPÉTITION
PUBLIC
RYTHME
STYLE

81 - Paesi #1

```
L A G É N É S E G È V R O N
I I E E S P A G N E E V B O
S T B G M L A R T G N I B M
É Z S Y Y A J O P D E E F H
R Q I S E P R T U O Z T W Q
B W N O N V T O I B U N G X
G Q D B G Q J E C M E A P T
T C E V A O X G C A L M M Q
Y R O U M A N I E C A J A R
U Q O I E D N A L N I F L J
N P R Q L A P A N A M A I C
I R A K L N P O L O G N E B
I Z U V A A I S R A Ë L H M
G U K W P C S P M X I H C H
```

BRÉSIL
CAMBODGE
CANADA
EGYPTE
FINLANDE
ALLEMAGNE
INDE
IRAK
ISRAËL
LIBYE

MALI
MAROC
NORVÈGE
PANAMA
POLOGNE
ROUMANIE
SÉNÉGAL
ESPAGNE
VENEZUELA
VIETNAM

82 - Geometria

```
M N O I T R O P O R P I P P
H É N N L N D A N E E F O X
O S D O H O I R U E T U A H
R E T I I I A A W L Q E P E
I G H T A S M L Y C A U I K
Z M É A K N È L M E S Q B U
O E O U O E T È E D L I C E
N N R Q A M R L B B G G P J
T T I É X I E E R B M O N H
A N E W J D L G U X J L V A
L U C L A C C N O W Y E Z R
W X Q W I I R O C O V M C R
Q I H A E U E L G N A I R T
C R P T T L C S U R F A C E
```

HAUTEUR	MÉDIAN
ANGLE	NOMBRE
CALCUL	HORIZONTAL
CERCLE	PARALLÈLE
COURBE	PROPORTION
DIAMÈTRE	SEGMENT
DIMENSION	SURFACE
ÉQUATION	THÉORIE
LOGIQUE	TRIANGLE

83 - Foresta Pluviale

```
B O T A N I Q U E G U F E R
P H U U P S U R V I E R R E
C É T I S R E V I D A L E S
J U N G L E É E M O O G S T
S D F H S E S C S N F M P A
E N È G I D N I I P U P E U
R I O E L S E S S E È X C R
È N I R N N I S Z G U C T A
F S S U B H B V S A D X E T
I E E T A M I L C U U G E I
M C A A U V H L T N O A H O
M T U N S Z P M H I W M H N
A E X I C O M M U N A U T É
M S N O I T A V R E S É R P
```

AMPHIBIENS
BOTANIQUE
CLIMAT
COMMUNAUTÉ
DIVERSITÉ
JUNGLE
INDIGÈNE
INSECTES
MAMMIFÈRES
MOUSSE

NATURE
NUAGE
PRÉSERVATION
PRÉCIEUX
RESTAURATION
REFUGE
RESPECT
SURVIE
ESPÈCE
OISEAUX

84 - Edifici

```
S W K E U A E T Â H C L A A
G R A N G E R D O Y F A M P
K Q R X E N I B A C W B B P
C I N É M A O E R T N O A A
V P K U M E T C K C S R S R
S U P E R M A R C H É A S T
H H R O E Y V A H A É T A E
Q Ô Ô Z T C R W B P C O D M
I W P T N G E O I L O I E E
R H D I E T S C G C L R M N
V V W A T L B G U R E E U T
U S I N E A O T O U R P S C
S A W H G Q L B M H E Z É A
T H É Â T R E F E R M E E S
```

AMBASSADE
APPARTEMENT
CABINE
CHÂTEAU
CINÉMA
USINE
FERME
GRANGE
HÔTEL
LABORATOIRE

MUSÉE
HÔPITAL
OBSERVATOIRE
ÉCOLE
STADE
SUPERMARCHÉ
THÉÂTRE
TENTE
TOUR

85 - Paesi #2

```
I X N O I E U Q I X E M A L
E I S S U R J K H K P K J I
I T Y H H O A U R R J X G B
R Y H E D O P D L A P É N É
Y K Y I E L O P Q M I S O R
S T S S O B N X Z E L N O I
L O T É U P H I G N A A E A
K Y J N J O I A Q A O D U J
Y O A O P I S E Ï D S U Q G
X R E D N A L R I T H O Ï R
F E I N A B L A U X I S A È
Y S S I P A K I S T A N M C
V P N T B O U G A N D A A E
N I G E R I A H E L K A J M
```

ALBANIE
DANEMARK
ETHIOPIE
JAMAÏQUE
JAPON
GRÈCE
HAÏTI
INDONÉSIE
IRLANDE
LAOS
LIBÉRIA
MEXIQUE
NÉPAL
NIGERIA
PAKISTAN
RUSSIE
SYRIE
SOUDAN
UKRAINE
OUGANDA

86 - Tipi di Capelli

```
Q P V S F Q Y C M I N C E R
Z F E T H M P T G L B A B T
É U V I C O X A W V I D D R
C P U F G J H F T R U O C E
U O A P P D Z K N Z É A I S
M E H I L I S S E T S N O S
R B C O S K C I G S S A Y E
Y S I R G N O L R F E Y I S
C E É S I R F M A R R O N N
B L O N D O R R W Q T S Q M
Y C N A L B N P A X P E O C
X U O D C O L O R É F C B X
U O X O Z O N B G P S M G M
C B J F U D E Q A S G U K R
```

ARGENT
SEC
BLANC
BLOND
COURT
CHAUVE
COLORÉ
GRIS
TRESSÉ
LISSE

LONG
MARRON
DOUX
NOIR
FRISÉ
BOUCLES
SAIN
MINCE
ÉPAIS
TRESSES

87 - Vestiti

```
U F N T E R U S S U A H C M
A C A D N O L A T N A P B O
E Y G L A B T I V B U W Q D
P W S N A E J V Z M Y A E E
A Y B H O P T E L E C A R B
H R J L L U P S T N A G U C
C G X A S J K T Z T Y V T H
U Y N Z M A J E M P C U N E
Q H H O U A N X Q E J K I M
F O U L A R D D N G Z N E I
C O L L I E R B A X Q J C S
T A B L I E R M K L C K F I
L H N T T R E S I M E H C E
M A N T E A U T V L S S R R
```

ROBE
BRACELET
CHEMISIER
CHEMISE
CHAPEAU
MANTEAU
CEINTURE
COLLIER
VESTE
JUPE

TABLIER
GANTS
JEANS
PULL
MODE
PANTALON
PYJAMA
SANDALES
CHAUSSURE
FOULARD

88 - Attività e Tempo Libero

E	É	N	N	O	D	N	A	R	B	Y	N	P	A
A	C	H	A	T	S	A	V	E	M	N	A	Ê	C
J	S	B	Y	R	I	H	Y	L	U	E	G	C	P
V	A	U	Y	A	N	W	U	A	O	R	E	H	R
O	C	R	R	G	N	O	W	X	Q	U	R	E	M
Y	M	F	D	F	E	L	L	A	B	T	O	O	F
A	W	B	A	I	T	Y	X	N	A	N	V	K	I
G	H	D	E	G	N	P	F	T	D	I	N	S	O
E	M	M	Q	Z	L	A	X	K	L	E	B	J	R
Y	O	X	Z	D	N	R	G	G	O	P	O	W	T
B	A	S	E	B	A	L	L	E	O	Y	X	L	B
B	A	S	K	E	T	B	A	L	L	L	E	D	C
B	F	K	G	C	A	M	P	I	N	G	F	U	L
L	N	P	L	O	N	G	É	E	V	A	S	O	C

ART
BASE-BALL
BASKET-BALL
BOXE
FOOTBALL
CAMPING
RANDONNÉE
JARDINAGE
GOLF
PLONGÉE
NAGER
PÊCHE
PEINTURE
RELAXANT
ACHATS
SURF
TENNIS
VOYAGE

89 - Arte

```
H O N N Ê T E I S É O P Q C
Z R L N V O U E R U G I F O
P L P O L A N X I N O V G M
Z E S I M P L E N S R E S P
D U R S S T M L S Y I F C O
O Q E S O Y P P P M G K U S
W I É E O C D M I B I Y L I
Z M R R T N Z O R O N H P T
S A C P B J N C É L A U T I
U R M X L Y T E A E L M U O
J É L E U S I V L F G E R N
E C P E I N T U R E S U E G
T Y Q E M S I L A É R R U S
D É P E I N D R E P I P J K
```

CÉRAMIQUE
COMPLEXE
COMPOSITION
CRÉER
PEINTURES
EXPRESSION
FIGURE
INSPIRÉ
HONNÊTE
ORIGINAL
PERSONNEL
POÉSIE
DÉPEINDRE
SCULPTURE
SIMPLE
SYMBOLE
SUJET
SURRÉALISME
HUMEUR
VISUEL

90 - Corpo Umano

```
C N R K H C I U P S Y V B M
H A É P A U L E H C U O B A
E D M L I O S O R M A F U I
V O P O Z C A E S E E L Q N
I I X I T Q N I O N P O N T
L G R U N S G L L T Z C Q J
L T T Ê T E E C C O A E R W
E G G G J T G Œ O N P R N D
S V E Y C R A U U Q J V H N
O O D N P T S R D U B E O C
S T A U O F I V E B M A J M
A H U Q E U V G O E F U Y X
O R E I L L E C Y P L K O A
T U W X U B M P V W E J X J
```

BOUCHE
CHEVILLE
CERVEAU
COU
CŒUR
DOIGT
VISAGE
JAMBE
GENOU
COUDE

MAIN
MENTON
NEZ
OEIL
OREILLE
PEAU
SANG
ÉPAULE
ESTOMAC
TÊTE

91 - Mammiferi

```
C N O E D R A N E R C K A D
V E I C T A H C Y T O E F J
L I H L E M U Q N S Y K Q Q
C H E V A L I P P Z O A S I
U C C O U R S E H D T N W Z
G E W E G N I S H I E G T È
X H F F R L A P I N N O A B
X D V A Z F T U X O O U U R
M S H R W M E O C T I R R E
E L L I R O G L L U L O E T
Q I V G T V H B W O K U A M
É L É P H A N T P M L B U L
L W Q P D V Y B A L E I N E
Y W G J R G P I S W M N K K
```

BALEINE
CHIEN
KANGOUROU
CHEVAL
CERF
LAPIN
COYOTE
DAUPHIN
ÉLÉPHANT
CHAT

GIRAFE
GORILLE
LION
LOUP
OURS
MOUTON
SINGE
TAUREAU
RENARD
ZÈBRE

92 - Animali Domestici

```
C N L E H S P U C J I T E A
H O A N A O V O L É Z A R D
I U I I M U B A I R S H S O
O R S A S R P N C S U C O C
T R S E T I H X F H S S N R
S I E A E S F H P L E O M J
C T N U R C O L L I E R N C
H U G S U W L A P I N I O H
È R P E R R O Q U E T A T I
V E R I A N I R É T É V A E
R Z U P A T T E S S W N H N
E E Z E M Y I S G X H R C M
T O R T U E U A Z R B R C Y
N F P G J Q X H D G G R S X
```

EAU
CHIEN
CHÈVRE
NOURRITURE
QUEUE
COLLIER
LAPIN
HAMSTER
CHIOT
CHATON

CHAT
LAISSE
LÉZARD
VACHE
PERROQUET
POISSON
TORTUE
SOURIS
VÉTÉRINAIRE
PATTES

93 - Cucina

```
T N B C P W W R W Z F V S V
A O A P U O O T A B L I E R
S U G B X I T X G F I C T J
S R U O S U L M C O R A T A
E R E U L X D L V U G B E E
S I T I I A O C È R M B H M
C T T L Z W Q H V R P S C B
Q U E L É P O N G E E D R V
M R S O R E C E T T E S U C
S E C I P É A O E H C U O L
X H H R C R U C H E N R F G
X E M E T T E I V R E S B F
C O N G É L A T E U R X O S
C O U T E A U X V V Q W L L
```

BAGUETTES
BOUILLOIRE
CRUCHE
NOURRITURE
BOL
COUTEAUX
CONGÉLATEUR
CUILLÈRES
FOURCHETTES
FOUR

TABLIER
GRIL
LOUCHE
RECETTE
ÉPICES
ÉPONGE
TASSES
SERVIETTE
POT

94 - Giardinaggio

```
N K R Z F G R A I N E S R B
V E L E L B I T S E M O C O
S G É T E L A S U J G C N T
F A X R U A Y U T Y W Y D A
L L I T R E X O T I Q U E N
O L O S F E U I L L E S R I
R I C O O E A U J O Z P V Q
A U L P T N E I P I C É R U
L E I M E E N V E R G E R E
X F M O U H Z I E S P È C E
D R A C Q Z E A E J W G S A
Z K T J U A V G L R E I Q C
F O K T O H U M I D I T É W
M X M X B H W G Q Z N T S X
```

EAU
BOTANIQUE
CLIMAT
COMESTIBLE
COMPOST
RÉCIPIENT
EXOTIQUE
FLEUR
FLORAL
FEUILLE

FEUILLAGE
VERGER
BOUQUET
GRAINES
ESPÈCE
SALETÉ
SAISONNIER
SOL
TUYAU
HUMIDITÉ

95 - Universo

```
C V I S I B L E V C B I G S
T I O A E J Y Z P O Y K J O
S B E I X A L A G S H P K L
N D P L Q H G H F M H R T A
O D O B O V Y R S I L O C I
Z B C K O X Q C U Q R U D R
I O S O N V A J X U D R N E
R R E C P M L M Y E X L W E
O B L R U C É L E S T E W H
H I É U E R È H P S O M T A
O T T A E C I T S L O S L L
I E Q E E D U T I G N O L V
L A T I T U D E É Q U D Z N
A S T R O N O M I E R J I N
```

ASTRONOMIE
ATMOSPHÈRE
OBSCURITÉ
CÉLESTE
CIEL
COSMIQUE
GALAXIE
LATITUDE
LONGITUDE
LUNE
ORBITE
HORIZON
SOLAIRE
SOLSTICE
TÉLESCOPE
VISIBLE

96 - Jazz

```
K A C O N C E R T T F O G A
C N R R Y T H M E A A R E L
C O E T V W P O M L V C N B
O I M S I P W O U E O H R U
M T L P T S E B S N R E E M
P A S G O Y T W I T I S A Z
O S Z M C S L E Q Z S T K V
S I K T B J I E U Z O R N I
I V C K I I B T E L J E O E
T O A C C E N T I Z Z X U U
E R C É L È B R E O Z H V X
U P T A M B O U R S N T E M
R M T E C H N I Q U E V A X
O I U S S C H A N S O N U H
```

ALBUM
ARTISTE
TAMBOURS
CHANSON
COMPOSITEUR
COMPOSITION
CONCERT
ACCENT
CÉLÈBRE
GENRE

IMPROVISATION
MUSIQUE
NOUVEAU
ORCHESTRE
FAVORIS
RYTHME
STYLE
TALENT
TECHNIQUE
VIEUX

97 - Attività

```
R I Q P I E C D O O A R T F
E R O Ê J A R D I N A G E P
L H S C R A N D O N N É E W
A T I H C É R A M I Q U E W
X X U E J L E C T U R E F E
A M E I H P A R G O T O H P
T T S G I O W I C C A P S Q
I R N A G K Z S A O N U E L
O S A M S O P I M U A Z L O
N Q D R C W E O P T S Z X Z
P L A I S I R L I U I L A Z
A C T I V I T É N R T E U T
S K C H A S S E G E R S X T
C O M P É T E N C E A L Z D
```

COMPÉTENCE
ART
ARTISANAT
ACTIVITÉ
CHASSE
CAMPING
CÉRAMIQUE
COUTURE
DANSE
RANDONNÉE

PHOTOGRAPHIE
JARDINAGE
JEUX
LECTURE
MAGIE
PÊCHE
PLAISIR
PUZZLES
RELAXATION
LOISIR

98 - Diplomazia

```
S B D I S C U S S I O N Y É
C A M B A S S A D E K É R T
C O C I T O Y E N S R T T H
U O M C I V I Q U E E I N I
C I N M O L Y R L X L R E Q
D Q U F U L A Z D Q L U M U
R J E X L N J U S T I C E E
H H L É T I A R T L E É N M
P F R N O I T U L O S S R U
O W F X V E D K T Y N I E C
I N T É G R I T É É O E V L
P O L I T I Q U E Q C A U X
F I A C O O P É R A T I O N
A M B A S S A D E U R G G L
```

AMBASSADE
AMBASSADEUR
CITOYENS
CIVIQUE
COMMUNAUTÉ
CONFLIT
CONSEILLER
COOPÉRATION
DISCUSSION

ÉTHIQUE
JUSTICE
GOUVERNEMENT
INTÉGRITÉ
POLITIQUE
SÉCURITÉ
SOLUTION
TRAITÉ

99 - Forniture Artistiche

```
U O P A E C C A M É R A W A
V U A I C N O D R Z R J X Q
B W S I R T C U S H M M F U
E B T U A E A R L I F N C A
E L E S Y L C C E E Y X P R
L Q L F O A R R S L U E F E
B E S N N V Y É I I T R K L
A R W O S E L A A U Q E S L
T K O U Q H I T H H G I C E
G I J S S C Q I C T I P O S
X D M Z S Y U V I Y G A L U
I D É E S E E I V I X P L M
F G O M M E S T J F I U E D
C H A R B O N É A R G I L E
```

EAU
AQUARELLES
ACRYLIQUE
ARGILE
CHARBON
PAPIER
CHEVALET
COLLE
COULEURS
CRÉATIVITÉ

GOMME
IDÉES
ENCRE
CRAYONS
HUILE
PASTELS
CHAISE
BROSSES
TABLE
CAMÉRA

100 - Misurazioni

```
L A M I C É D H A U T E U R
A X B K L X N G V M M Y E V
R K I L O G R A M M E C N O
G C Y Z O L V K G P N J C C
E L G E E X O R F N N É B E
U I G R U E D N O F O R P N
R T E T C O I Q G L T G G T
E R T È M O L I K U Q E X I
C E O P I N T E S U E D H M
U T P O I D S M O N M U D È
O U Y M C A B M Z P U T R T
P N I C U Z H A A B L O N R
G I Q K M È T R E C O I M E
Y M T A N E O G U F V P G Z
```

HAUTEUR
OCTET
CENTIMÈTRE
KILOGRAMME
KILOMÈTRE
DÉCIMAL
DEGRÉ
GRAMME
LARGEUR
LITRE
LONGUEUR
MÈTRE
MINUTE
ONCE
POIDS
PINTE
POUCE
PROFONDEUR
TONNE
VOLUME

1 - Scacchi

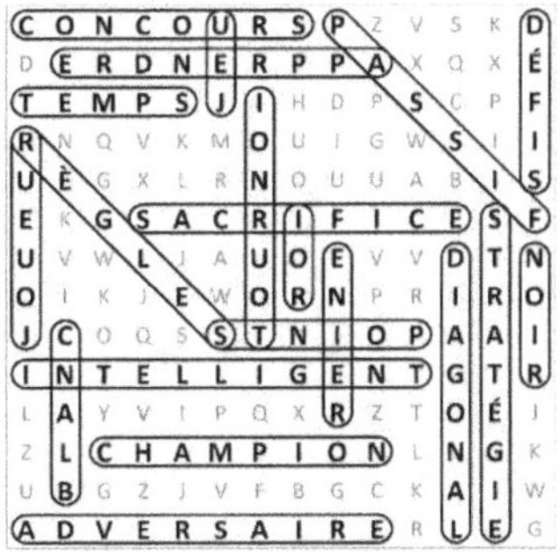

2 - Salute e Benessere #2

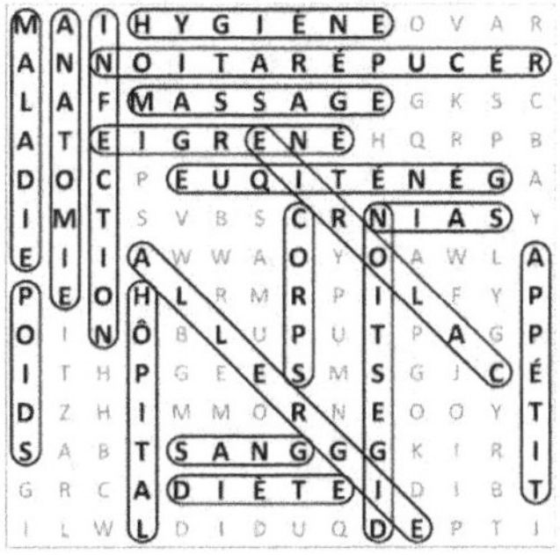

3 - Aggettivi #2

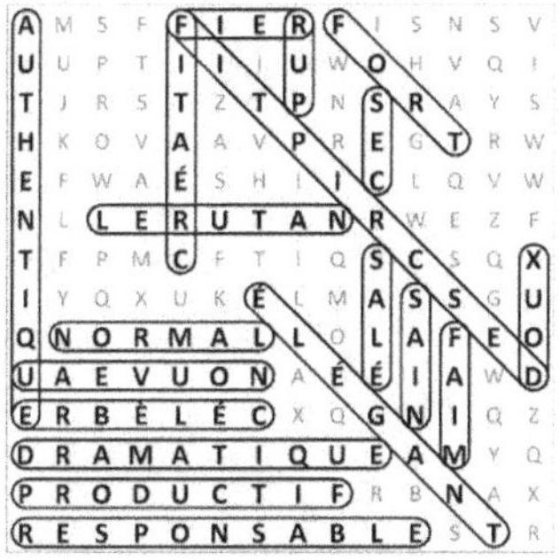

4 - Ingegneria

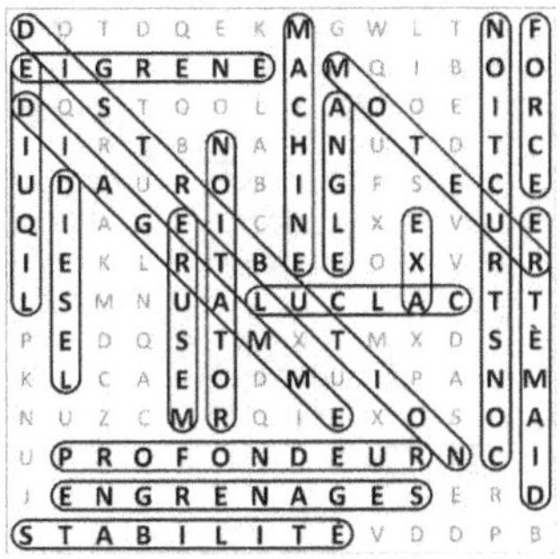

5 - Archeologia

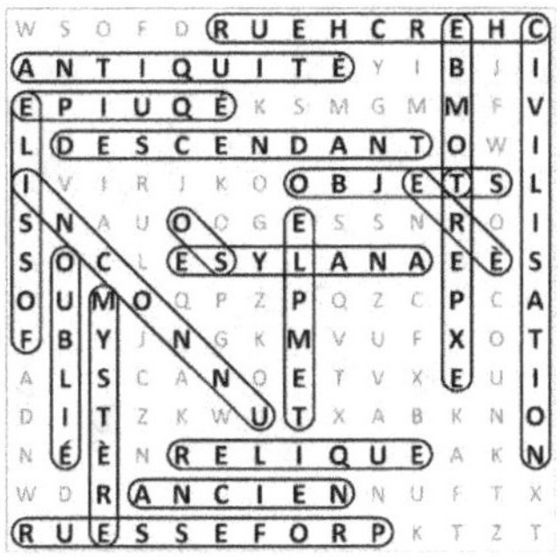

6 - Salute e Benessere #1

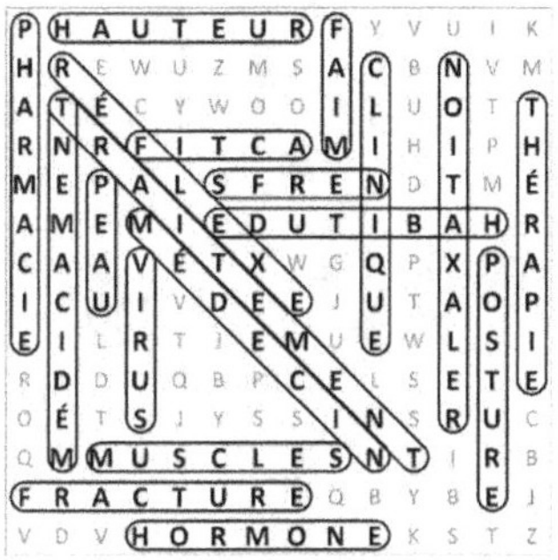

7 - Aggettivi #1

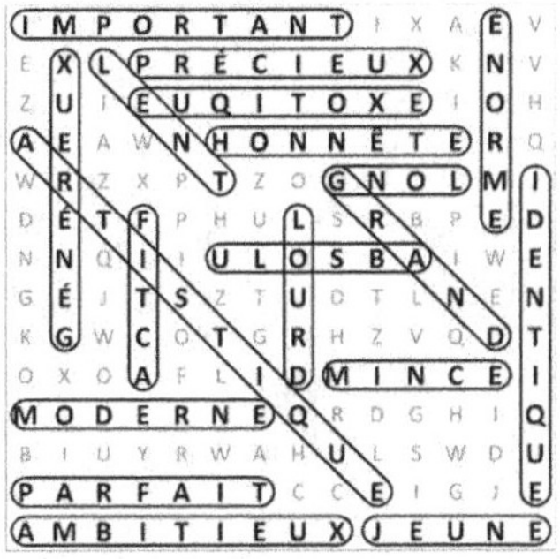

8 - Geologia

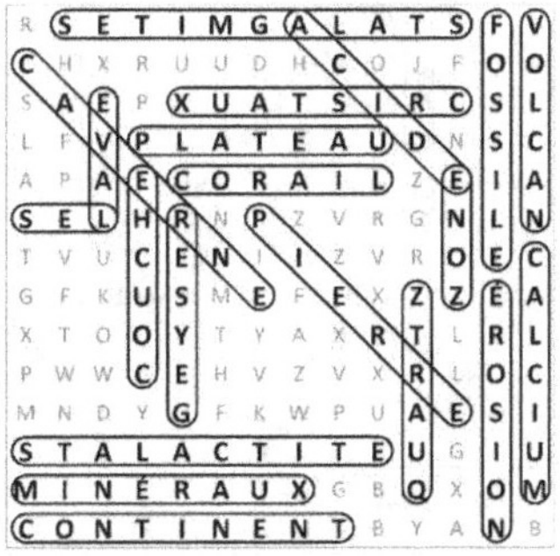

9 - Campeggio

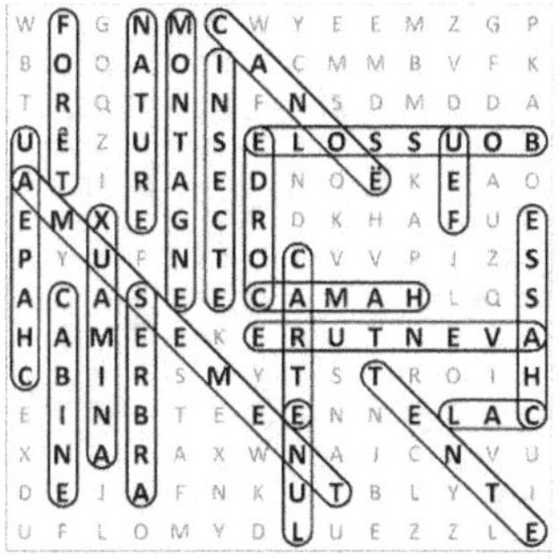

10 - Tempo

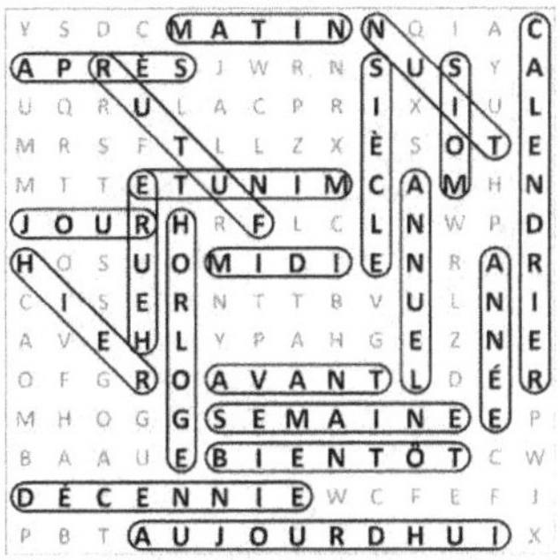

11 - Astronomia

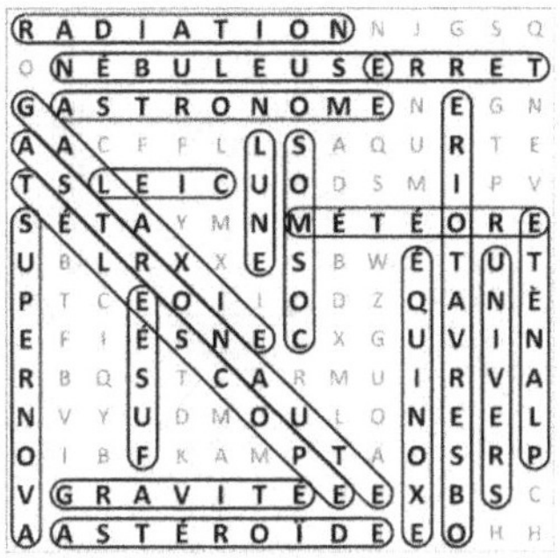

12 - Circo

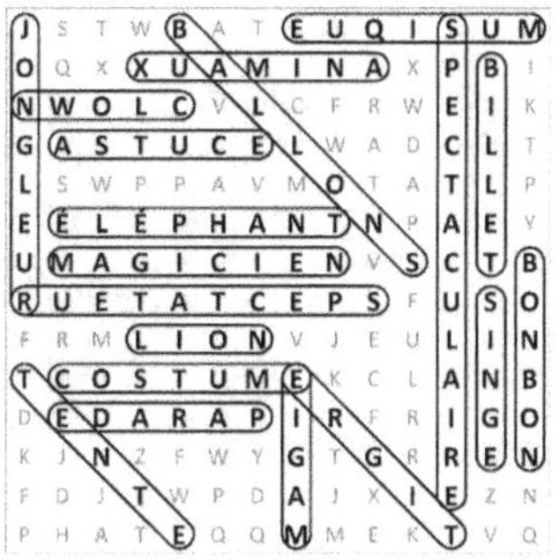

13 - Algebra
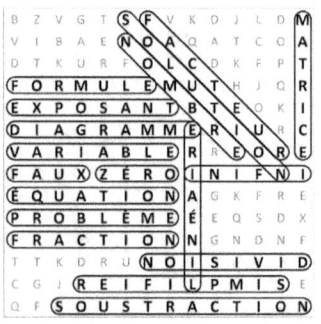

14 - Mitologia
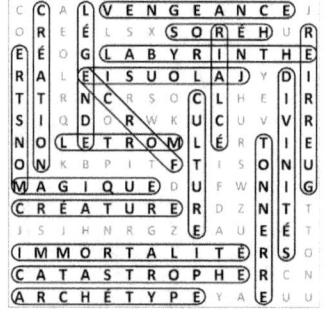

15 - Piante
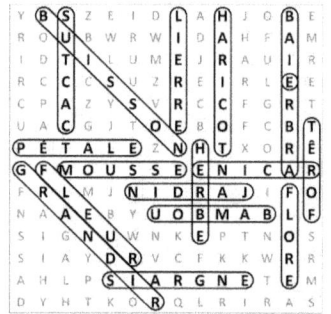

16 - Spezie
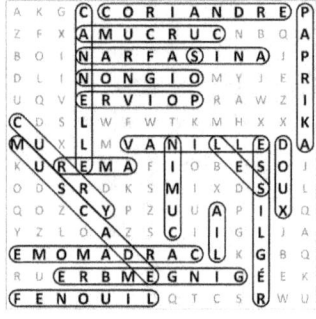

17 - Numeri
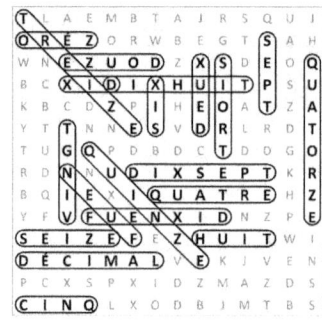

18 - Cioccolato
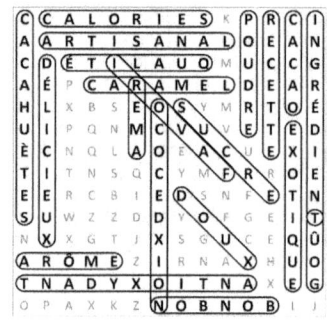

19 - Guida
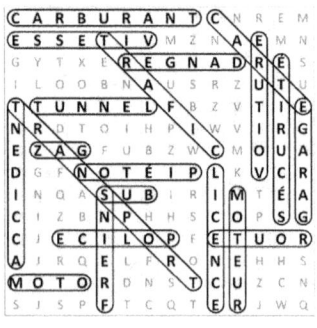

20 - I Media
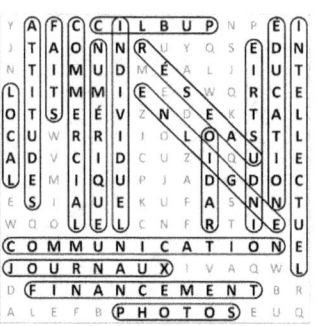

21 - Forza e Gravità
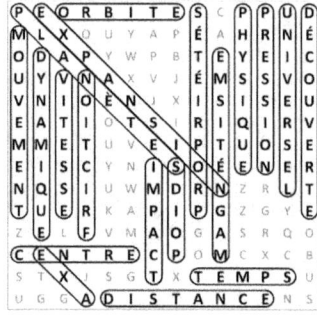

22 - Sport
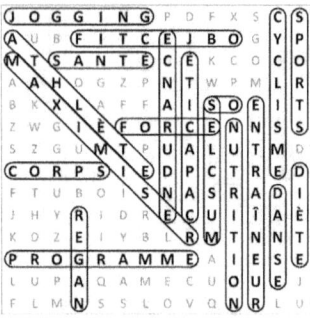

23 - Caffè
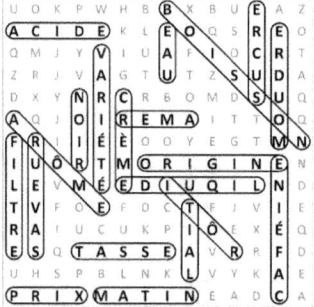

24 - Uccelli
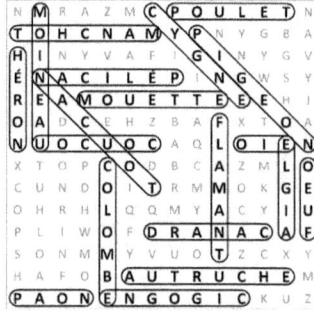

25 - Giorni e Mesi

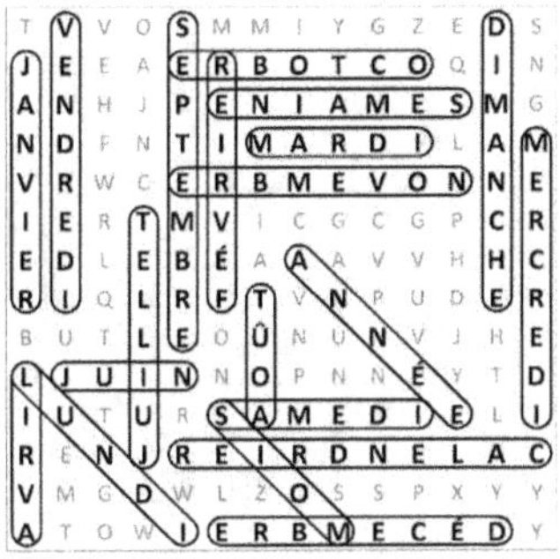

26 - Casa

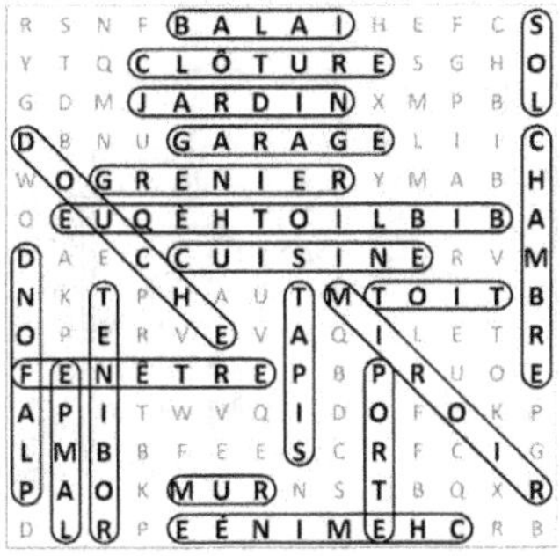

27 - Fantascienza

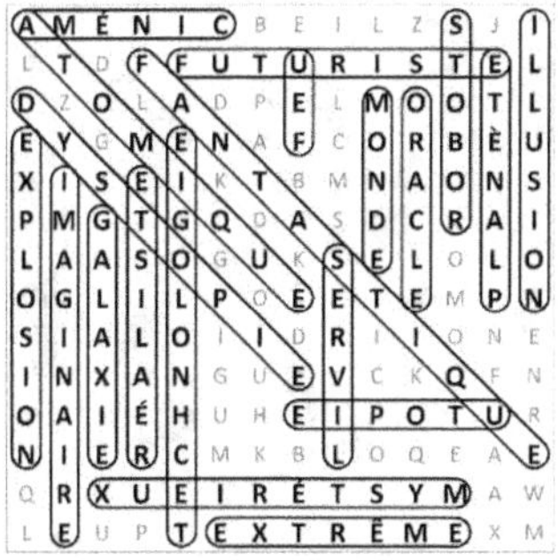

28 - Città

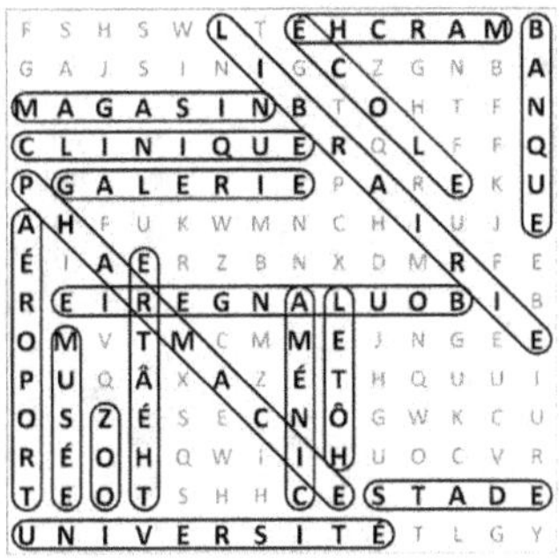

29 - Fattoria #1

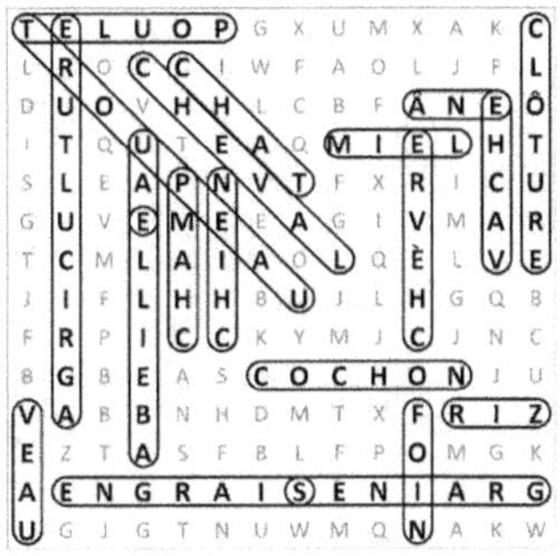

30 - Psicologia

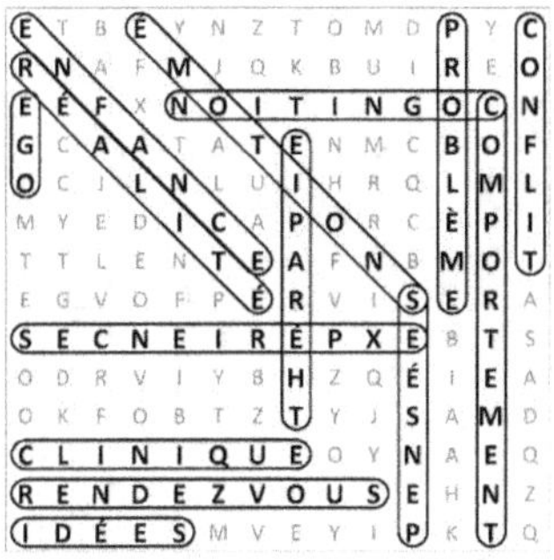

31 - Paesaggi

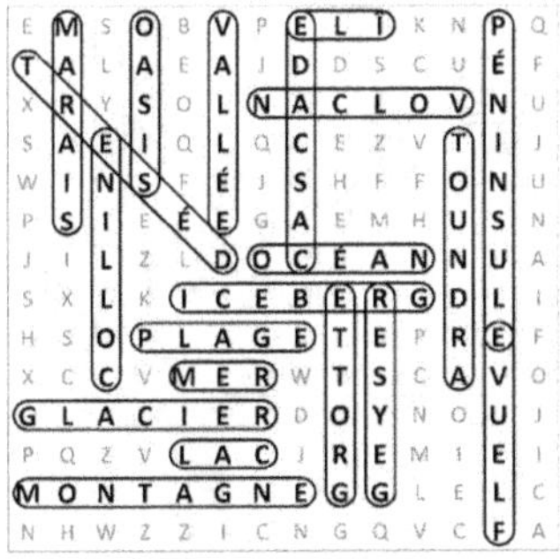

32 - Energia

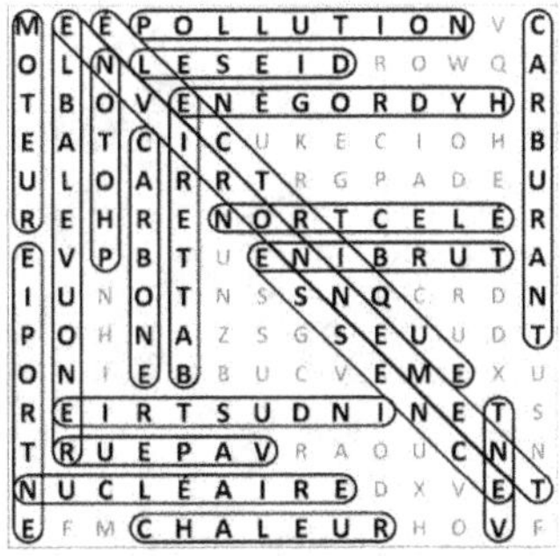

33 - Ristorante #2

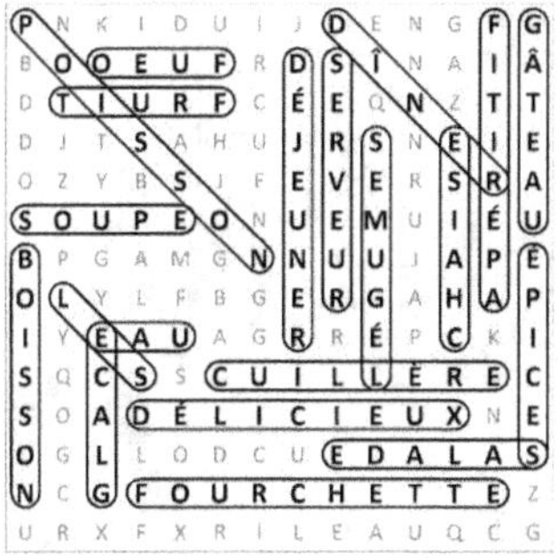

34 - Moda

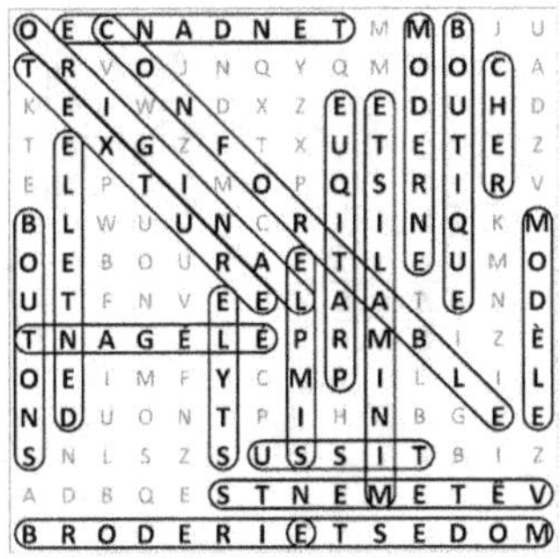

35 - Giardino

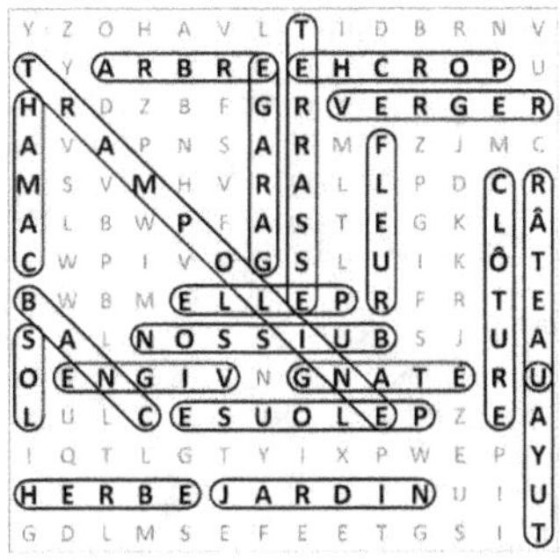

36 - Frutta

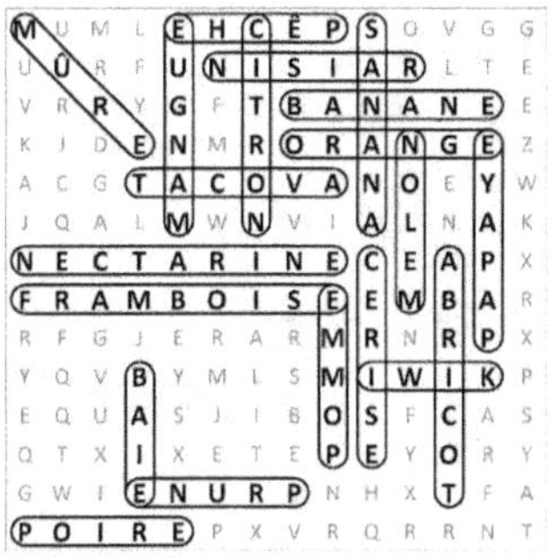

37 - Fattoria #2
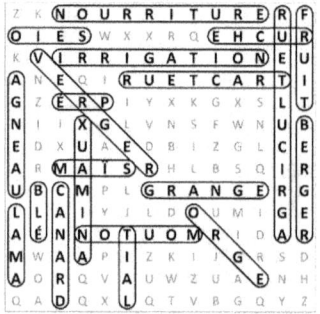

38 - Musica
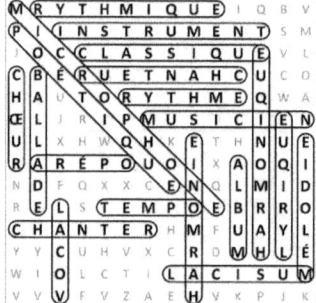

39 - Barbecue
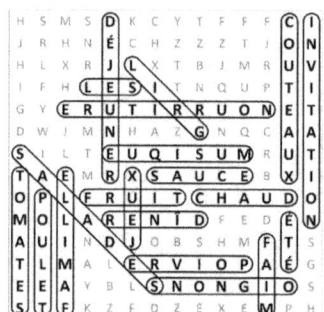

40 - Riempire
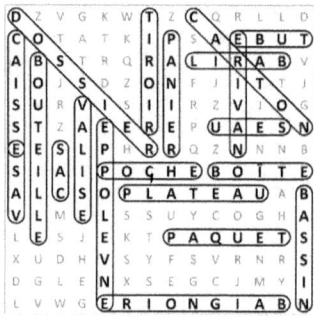

41 - Insetti
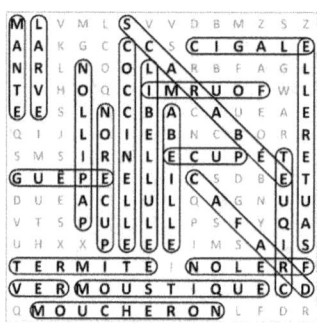

42 - Fisica
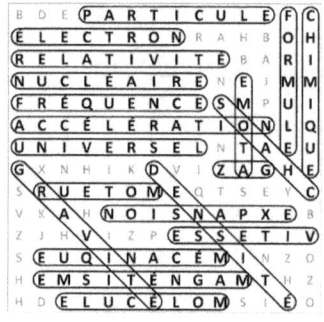

43 - Erboristeria
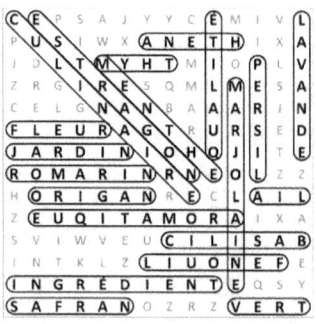

44 - Danza
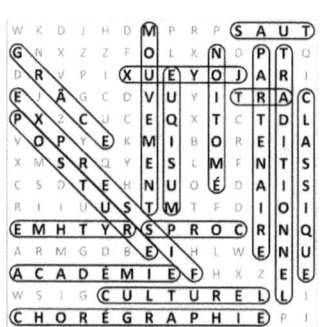

45 - Attività Commerciale
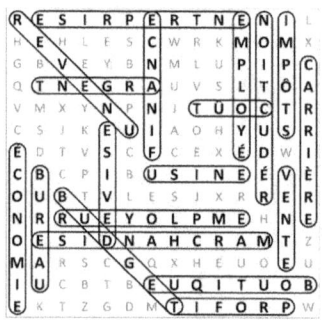

46 - Fiori
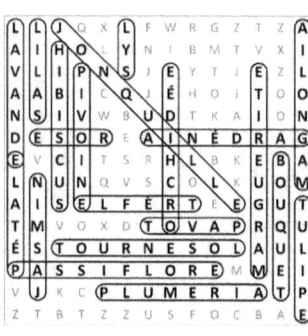

47 - Filantropia
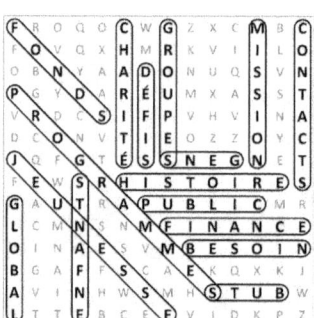

48 - Ecologia
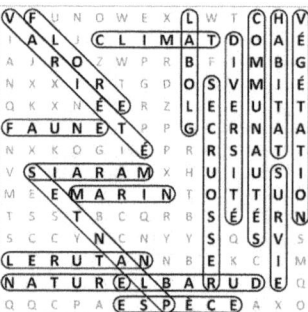

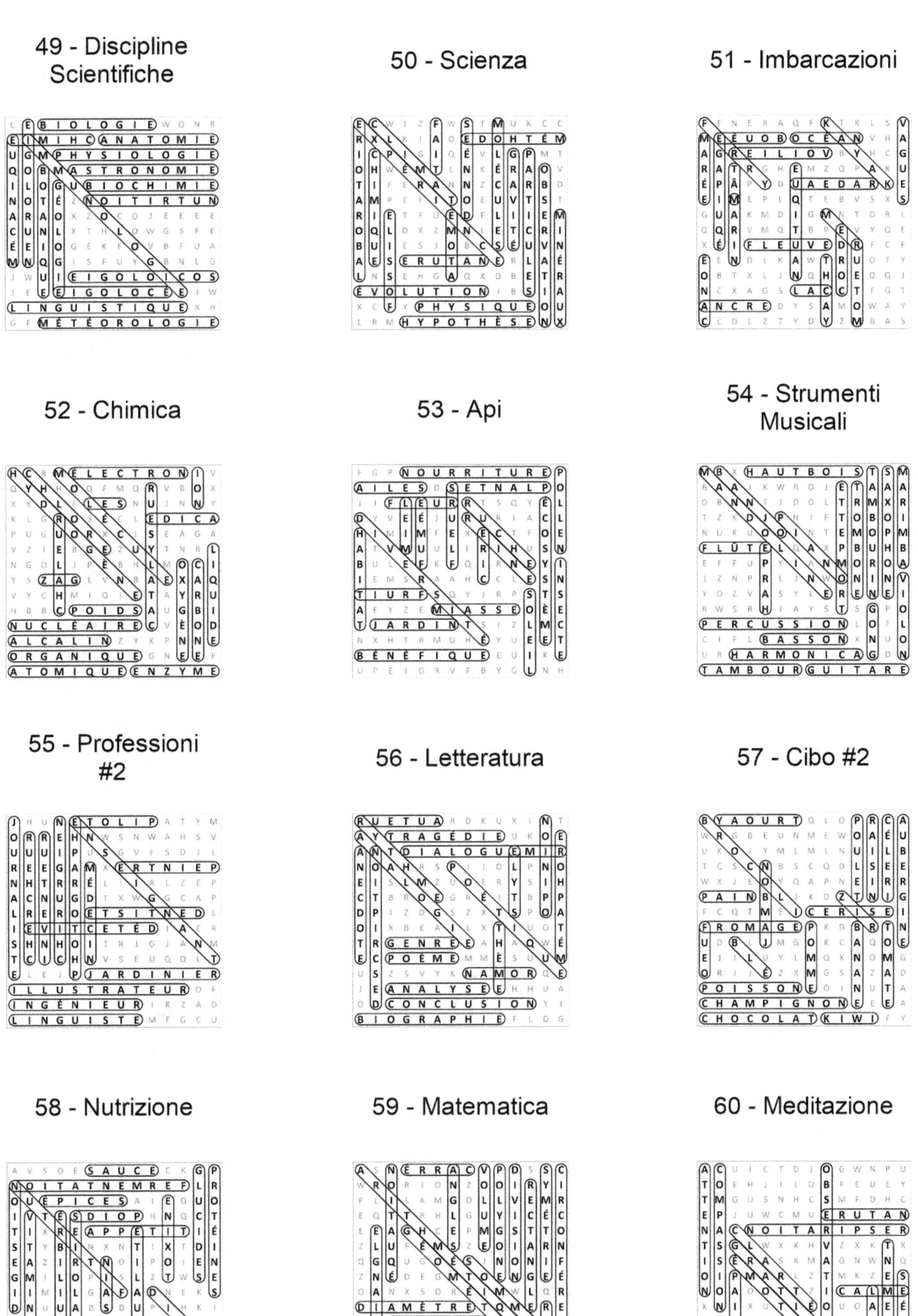

73 - Avventura
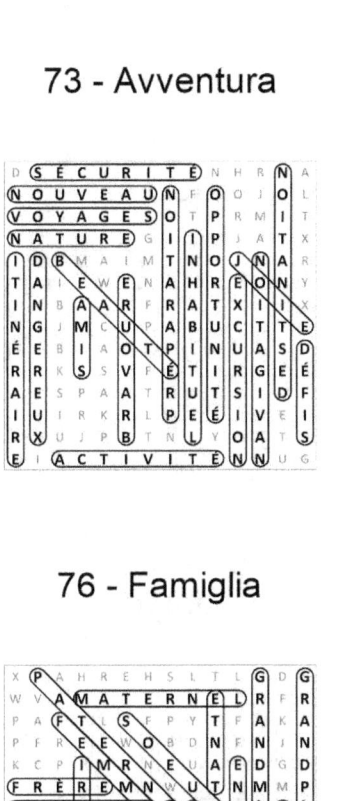

74 - Forme
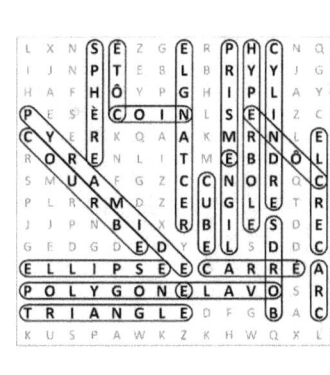

75 - Oceano
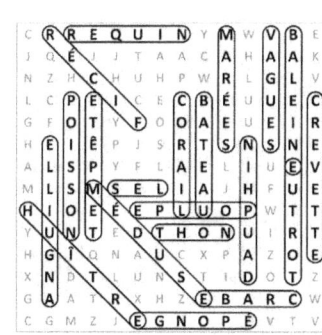

76 - Famiglia
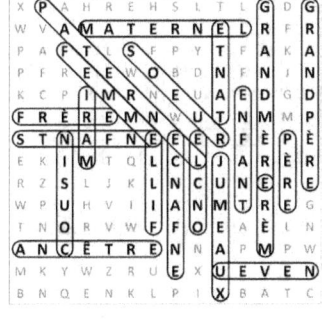

77 - Creatività
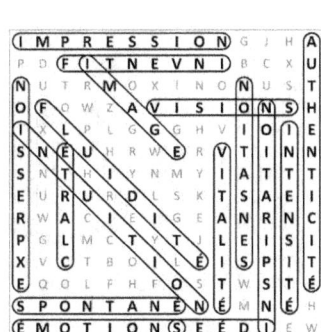

78 - Emozioni
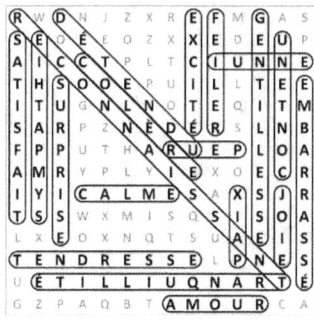

79 - Natura
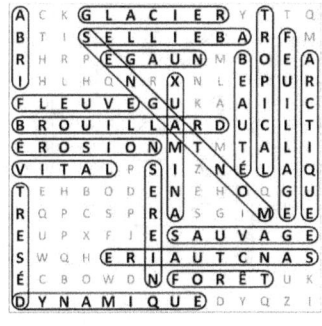

80 - Balletto
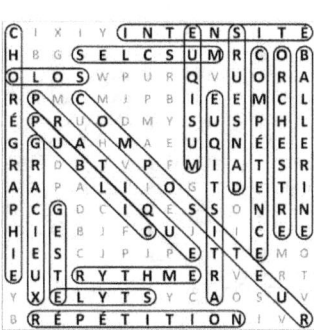

81 - Paesi #1
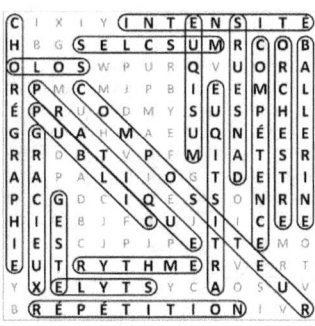

82 - Geometria
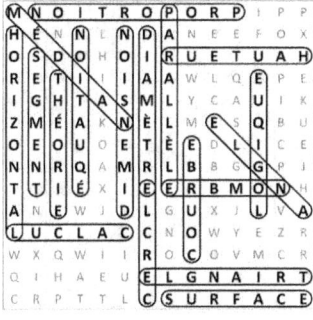

83 - Foresta Pluviale
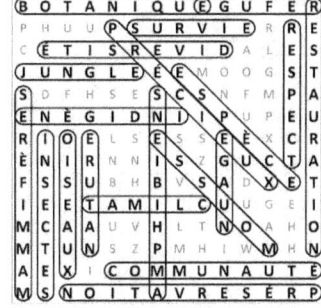

84 - Edifici
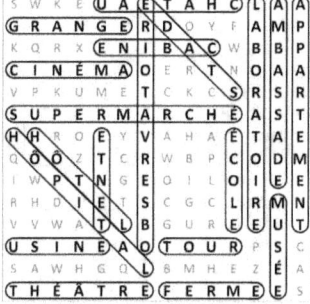

85 - Paesi #2
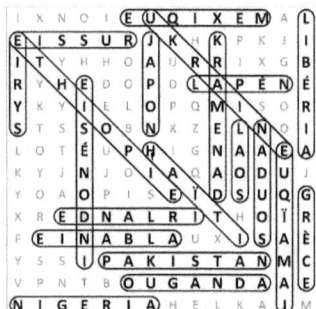

86 - Tipi di Capelli
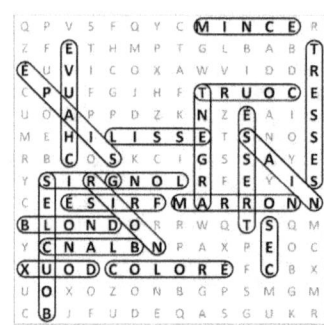

87 - Vestiti
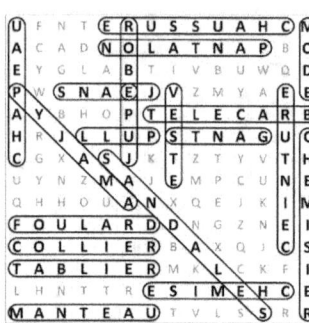

88 - Attività e Tempo Libero
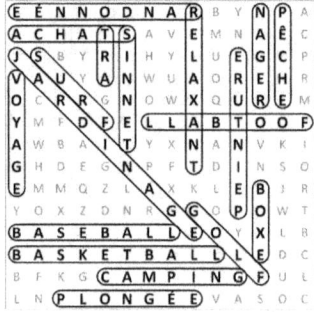

89 - Arte
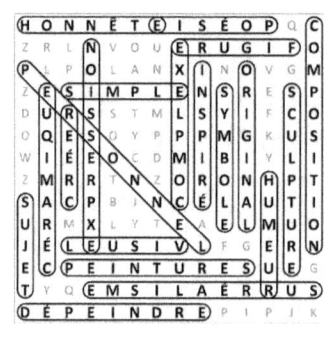

90 - Corpo Umano
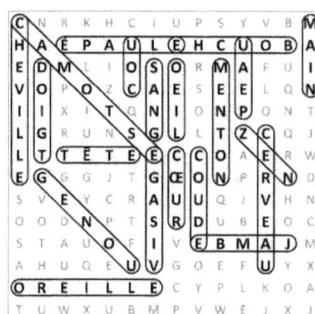

91 - Mammiferi
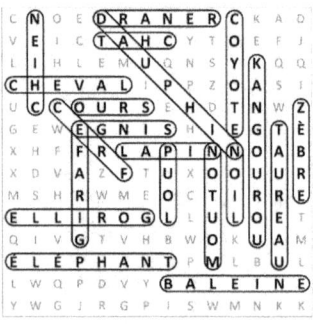

92 - Animali Domestici
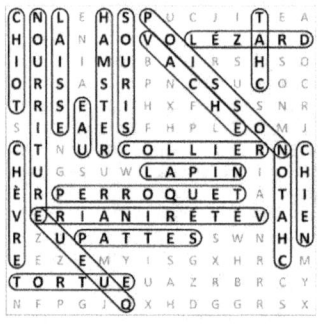

93 - Cucina
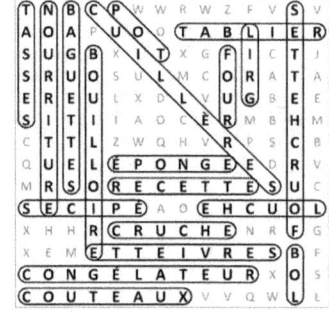

94 - Giardinaggio
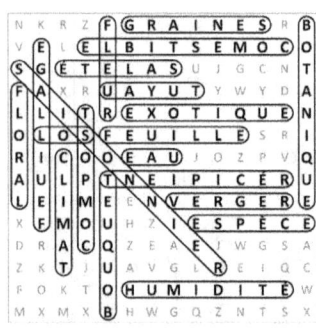

95 - Universo

96 - Jazz
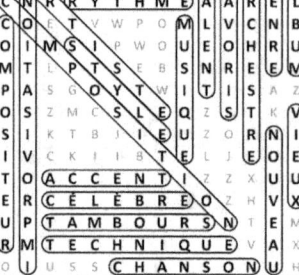

97 - Attività

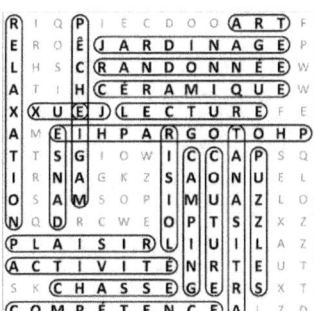

98 - Diplomazia

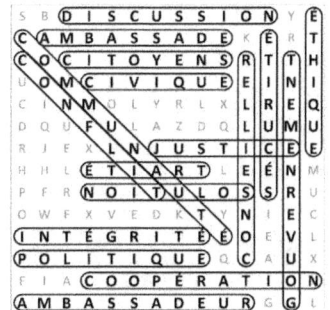

99 - Forniture Artistiche

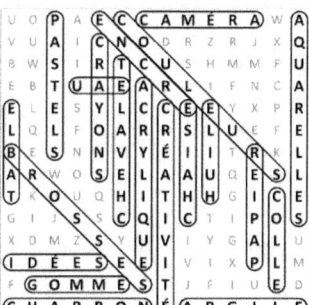

100 - Misurazioni

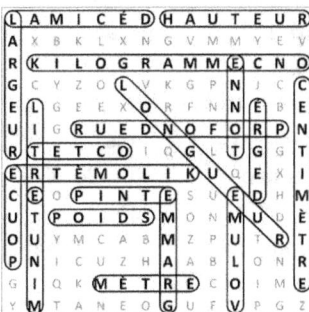

Dizionario

Aeroplani
Avions

Altezza	Hauteur
Altitudine	Altitude
Aria	Air
Atmosfera	Atmosphère
Atterraggio	Atterrissage
Avventura	Aventure
Carburante	Carburant
Cielo	Ciel
Costruzione	Construction
Direzione	Direction
Discesa	Descente
Equipaggio	Équipage
Idrogeno	Hydrogène
Motore	Moteur
Navigare	Naviguer
Palloncino	Ballon
Passeggero	Passager
Pilota	Pilote
Storia	Histoire
Turbolenza	Turbulence

Aggettivi #1
Adjectifs #1

Ambizioso	Ambitieux
Aromatico	Aromatique
Artistico	Artistique
Assoluto	Absolu
Attivo	Actif
Enorme	Énorme
Esotico	Exotique
Generoso	Généreux
Giovane	Jeune
Grande	Grand
Identico	Identique
Importante	Important
Lento	Lent
Lungo	Long
Moderno	Moderne
Onesto	Honnête
Perfetto	Parfait
Pesante	Lourd
Prezioso	Précieux
Sottile	Mince

Aggettivi #2
Adjectifs #2

Affamato	Faim
Asciutto	Sec
Autentico	Authentique
Creativo	Créatif
Descrittivo	Descriptif
Dolce	Doux
Drammatico	Dramatique
Elegante	Élégant
Famoso	Célèbre
Forte	Fort
Interessante	Intéressant
Naturale	Naturel
Normale	Normal
Nuovo	Nouveau
Orgoglioso	Fier
Produttivo	Productif
Puro	Pur
Responsabile	Responsable
Salato	Salé
Sano	Sain

Algebra
Algèbre

Diagramma	Diagramme
Divisione	Division
Equazione	Équation
Esponente	Exposant
Falso	Faux
Fattore	Facteur
Formula	Formule
Frazione	Fraction
Grafico	Graphique
Infinito	Infini
Lineare	Linéaire
Matrice	Matrice
Numero	Nombre
Parentesi	Parenthèse
Problema	Problème
Semplificare	Simplifier
Soluzione	Solution
Sottrazione	Soustraction
Variabile	Variable
Zero	Zéro

Animali Domestici
Animaux de Compagnie

Acqua	Eau
Cane	Chien
Capra	Chèvre
Cibo	Nourriture
Coda	Queue
Collare	Collier
Coniglio	Lapin
Criceto	Hamster
Cucciolo	Chiot
Gattino	Chaton
Gatto	Chat
Guinzaglio	Laisse
Lucertola	Lézard
Mucca	Vache
Pappagallo	Perroquet
Pesce	Poisson
Tartaruga	Tortue
Topo	Souris
Veterinario	Vétérinaire
Zampe	Pattes

Antartide
Antarctique

Acqua	Eau
Ambiente	Environnement
Baia	Baie
Balene	Baleines
Conservazione	Conservation
Continente	Continent
Geografia	Géographie
Ghiacciai	Glaciers
Ghiaccio	Glace
Isole	Îles
Migrazione	Migration
Minerali	Minéraux
Nuvole	Nuage
Penisola	Péninsule
Ricercatore	Chercheur
Roccioso	Rocheux
Scientifico	Scientifique
Spedizione	Expédition
Temperatura	Température
Topografia	Topographie

Antiquariato
Antiquités

Arte	Art
Articolo	Article
Asta	Enchères
Autentico	Authentique
Condizione	Condition
Decenni	Décennies
Decorativo	Décoratif
Elegante	Élégant
Galleria	Galerie
Insolito	Inhabituel
Mobilio	Meubles
Monete	Pièces
Prezzo	Prix
Qualità	Qualité
Restauro	Restauration
Scultura	Sculpture
Secolo	Siècle
Stile	Style
Valore	Valeur
Vecchio	Vieux

Api
Les Abeilles

Ali	Ailes
Alveare	Ruche
Benefico	Bénéfique
Cera	Cire
Cibo	Nourriture
Diversità	Diversité
Ecosistema	Écosystème
Fiori	Fleurs
Fiorire	Fleur
Frutta	Fruit
Fumo	Fumée
Giardino	Jardin
Habitat	Habitat
Insetto	Insecte
Miele	Miel
Piante	Plantes
Polline	Pollen
Regina	Reine
Sciame	Essaim
Sole	Soleil

Archeologia
Archéologie

Analisi	Analyse
Antichità	Antiquité
Antico	Ancien
Civiltà	Civilisation
Dimenticato	Oublié
Discendente	Descendant
Era	Ère
Esperto	Expert
Fossile	Fossile
Mistero	Mystère
Oggetti	Objets
Ossa	Os
Professore	Professeur
Reliquia	Relique
Ricercatore	Chercheur
Sconosciuto	Inconnu
Squadra	Équipe
Tempio	Temple
Tomba	Tombe
Valutazione	Évaluation

Arte
Art

Ceramica	Céramique
Complesso	Complexe
Composizione	Composition
Creare	Créer
Dipinti	Peintures
Espressione	Expression
Figura	Figure
Ispirato	Inspiré
Onesto	Honnête
Originale	Original
Personale	Personnel
Poesia	Poésie
Ritrarre	Dépeindre
Scultura	Sculpture
Semplice	Simple
Simbolo	Symbole
Soggetto	Sujet
Surrealismo	Surréalisme
Umore	Humeur
Visivo	Visuel

Astronomia
Astronomie

Asteroide	Astéroïde
Astronauta	Astronaute
Astronomo	Astronome
Cielo	Ciel
Cosmo	Cosmos
Costellazione	Constellation
Equinozio	Équinoxe
Galassia	Galaxie
Gravità	Gravité
Luna	Lune
Meteora	Météore
Nebulosa	Nébuleuse
Osservatorio	Observatoire
Pianeta	Planète
Radiazione	Radiation
Razzo	Fusée
Supernova	Supernova
Telescopio	Télescope
Terra	Terre
Universo	Univers

Attività
Activités

Abilità	Compétence
Arte	Art
Artigianato	Artisanat
Attività	Activité
Caccia	Chasse
Campeggio	Camping
Ceramica	Céramique
Cucire	Couture
Danza	Danse
Escursioni	Randonnée
Fotografia	Photographie
Giardinaggio	Jardinage
Giochi	Jeux
Lettura	Lecture
Magia	Magie
Pesca	Pêche
Piacere	Plaisir
Puzzle	Puzzles
Rilassamento	Relaxation
Tempo Libero	Loisir

Attività Commerciale
Entreprise

Bilancio	Budget
Carriera	Carrière
Costo	Coût
Datore di Lavoro	Employeur
Dipendente	Employé
Economia	Économie
Fabbrica	Usine
Finanza	Finance
Merce	Marchandise
Negozio	Boutique
Profitto	Profit
Reddito	Revenu
Sconto	Réduction
Società	Entreprise
Soldi	Argent
Tasse	Impôts
Transazione	Transaction
Ufficio	Bureau
Valuta	Devise
Vendita	Vente

Attività e Tempo Libero
Activités et Loisirs

Arte	Art
Baseball	Base-Ball
Basket	Basket-Ball
Boxe	Boxe
Calcio	Football
Campeggio	Camping
Escursioni	Randonnée
Giardinaggio	Jardinage
Golf	Golf
Hobby	Passe-Temps
Immersione	Plongée
Nuoto	Nager
Pallavolo	Volley-Ball
Pesca	Pêche
Pittura	Peinture
Rilassante	Relaxant
Shopping	Achats
Surf	Surf
Tennis	Tennis
Viaggio	Voyage

Avventura
Aventure

Amici	Amis
Attività	Activité
Bellezza	Beauté
Coraggio	Bravoure
Destinazione	Destination
Difficoltà	Difficulté
Entusiasmo	Enthousiasme
Escursione	Excursion
Gioia	Joie
Insolito	Inhabituel
Itinerario	Itinéraire
Natura	Nature
Navigazione	Navigation
Nuovo	Nouveau
Opportunità	Opportunité
Pericoloso	Dangereux
Preparazione	Préparation
Sfide	Défis
Sicurezza	Sécurité
Viaggi	Voyages

Balletto
Ballet

Abilità	Compétence
Artistico	Artistique
Assolo	Solo
Ballerina	Ballerine
Ballerini	Danseurs
Compositore	Compositeur
Coreografia	Chorégraphie
Espressivo	Expressif
Gesto	Geste
Grazioso	Gracieux
Intensità	Intensité
Muscoli	Muscles
Musica	Musique
Orchestra	Orchestre
Pratica	Pratique
Prova	Répétition
Pubblico	Public
Ritmo	Rythme
Stile	Style
Tecnica	Technique

Barbecue
Barbecues

Caldo	Chaud
Cena	Dîner
Cibo	Nourriture
Cipolle	Oignons
Coltelli	Couteaux
Estate	Été
Fame	Faim
Famiglia	Famille
Frutta	Fruit
Giochi	Jeux
Griglia	Gril
Insalate	Salades
Invito	Invitation
Musica	Musique
Pepe	Poivre
Pollo	Poulet
Pomodori	Tomates
Pranzo	Déjeuner
Sale	Sel
Salsa	Sauce

Bellezza
Beauté

Colore	Couleur
Cosmetici	Cosmétique
Elegante	Élégant
Eleganza	Élégance
Fascino	Charme
Forbici	Ciseaux
Fotogenico	Photogénique
Fragranza	Parfum
Grazia	Grâce
Liscio	Lisse
Mascara	Mascara
Oli	Huiles
Pelle	Peau
Prodotti	Produits
Riccioli	Boucles
Servizi	Services
Shampoo	Shampooing
Specchio	Miroir
Stilista	Styliste
Trucco	Maquillage

Caffè
Café

Acido	Acide
Acqua	Eau
Amaro	Amer
Aroma	Arôme
Arrostito	Rôti
Bevanda	Boisson
Caffeina	Caféine
Crema	Crème
Filtro	Filtre
Gusto	Saveur
Latte	Lait
Liquido	Liquide
Macinare	Moudre
Mattina	Matin
Nero	Noir
Origine	Origine
Prezzo	Prix
Tazza	Tasse
Varietà	Variété
Zucchero	Sucre

Campeggio
Camping

Alberi	Arbres
Amaca	Hamac
Animali	Animaux
Avventura	Aventure
Bussola	Boussole
Cabina	Cabine
Caccia	Chasse
Canoa	Canoë
Cappello	Chapeau
Corda	Corde
Divertimento	Amusement
Foresta	Forêt
Fuoco	Feu
Insetto	Insecte
Lago	Lac
Luna	Lune
Mappa	Carte
Montagna	Montagne
Natura	Nature
Tenda	Tente

Casa
Maison

Attico	Grenier
Biblioteca	Bibliothèque
Camera	Chambre
Camino	Cheminée
Cucina	Cuisine
Doccia	Douche
Finestra	Fenêtre
Garage	Garage
Giardino	Jardin
Lampada	Lampe
Parete	Mur
Pavimento	Sol
Porta	Porte
Recinto	Clôture
Rubinetto	Robinet
Scopa	Balai
Soffitto	Plafond
Specchio	Miroir
Tappeto	Tapis
Tetto	Toit

Chimica
Chimie

Acido	Acide
Alcalino	Alcalin
Atomico	Atomique
Calore	Chaleur
Carbonio	Carbone
Catalizzatore	Catalyseur
Cloro	Chlore
Elettrone	Électron
Enzima	Enzyme
Gas	Gaz
Idrogeno	Hydrogène
Ione	Ion
Liquido	Liquide
Molecola	Molécule
Nucleare	Nucléaire
Organico	Organique
Ossigeno	Oxygène
Peso	Poids
Sale	Sel
Temperatura	Température

Cibo #1
Nourriture #1

Aglio	Ail
Basilico	Basilic
Cannella	Cannelle
Carne	Viande
Carota	Carotte
Cipolla	Oignon
Fragola	Fraise
Insalata	Salade
Latte	Lait
Limone	Citron
Menta	Menthe
Orzo	Orge
Pera	Poire
Rapa	Navet
Sale	Sel
Spinaci	Épinard
Succo	Jus
Tonno	Thon
Torta	Gâteau
Zucchero	Sucre

Cibo #2
Nourriture #2

Banana	Banane
Broccolo	Brocoli
Ciliegia	Cerise
Cioccolato	Chocolat
Formaggio	Fromage
Fungo	Champignon
Grano	Blé
Kiwi	Kiwi
Mela	Pomme
Melanzana	Aubergine
Pane	Pain
Pesce	Poisson
Pollo	Poulet
Pomodoro	Tomate
Prosciutto	Jambon
Riso	Riz
Sedano	Céleri
Uovo	Oeuf
Uva	Raisin
Yogurt	Yaourt

Cioccolato
Chocolat

Amaro	Amer
Antiossidante	Antioxydant
Arachidi	Cacahuètes
Aroma	Arôme
Artigianale	Artisanal
Cacao	Cacao
Calorie	Calories
Caramella	Bonbon
Caramello	Caramel
Delizioso	Délicieux
Dolce	Doux
Esotico	Exotique
Gusto	Goût
Ingrediente	Ingrédient
Noce di Cocco	Noix de Coco
Polvere	Poudre
Preferito	Favori
Qualità	Qualité
Ricetta	Recette
Zucchero	Sucre

Circo
Cirque

Acrobata	Acrobate
Animali	Animaux
Biglietto	Billet
Caramella	Bonbon
Clown	Clown
Costume	Costume
Elefante	Éléphant
Giocoliere	Jongleur
Leone	Lion
Magia	Magie
Mago	Magicien
Musica	Musique
Palloncini	Ballons
Parata	Parade
Scimmia	Singe
Spettacolare	Spectaculaire
Spettatore	Spectateur
Tenda	Tente
Tigre	Tigre
Trucco	Astuce

Città
Ville

Aeroporto	Aéroport
Banca	Banque
Biblioteca	Bibliothèque
Cinema	Cinéma
Clinica	Clinique
Farmacia	Pharmacie
Fiorista	Fleuriste
Galleria	Galerie
Hotel	Hôtel
Libreria	Librairie
Mercato	Marché
Museo	Musée
Negozio	Magasin
Panetteria	Boulangerie
Scuola	École
Stadio	Stade
Supermercato	Supermarché
Teatro	Théâtre
Università	Université
Zoo	Zoo

Corpo Umano
Corps Humain

Bocca	Bouche
Caviglia	Cheville
Cervello	Cerveau
Collo	Cou
Cuore	Cœur
Dito	Doigt
Faccia	Visage
Gamba	Jambe
Ginocchio	Genou
Gomito	Coude
Mano	Main
Mento	Menton
Naso	Nez
Occhio	Oeil
Orecchio	Oreille
Pelle	Peau
Sangue	Sang
Spalla	Épaule
Stomaco	Estomac
Testa	Tête

Creatività
Créativité

Abilità	Compétence
Artistico	Artistique
Autenticità	Authenticité
Chiarezza	Clarté
Drammatico	Dramatique
Emozioni	Émotions
Espressione	Expression
Fluidità	Fluidité
Idee	Idées
Immaginazione	Imagination
Immagine	Image
Impressione	Impression
Intensità	Intensité
Intuizione	Intuition
Inventivo	Inventif
Ispirazione	Inspiration
Sensazione	Sensation
Spontaneo	Spontané
Visioni	Visions
Vitalità	Vitalité

Cucina
Cuisine

Bacchette	Baguettes
Bollitore	Bouilloire
Brocca	Cruche
Cibo	Nourriture
Ciotola	Bol
Coltelli	Couteaux
Congelatore	Congélateur
Cucchiai	Cuillères
Forchette	Fourchettes
Forno	Four
Frigorifero	Réfrigérateur
Grembiule	Tablier
Griglia	Gril
Mestolo	Louche
Ricetta	Recette
Spezie	Épices
Spugna	Éponge
Tazze	Tasses
Tovagliolo	Serviette
Vaso	Pot

Danza
Danse

Accademia	Académie
Arte	Art
Classico	Classique
Compagno	Partenaire
Coreografia	Chorégraphie
Corpo	Corps
Cultura	Culture
Culturale	Culturel
Emozione	Émotion
Espressivo	Expressif
Gioioso	Joyeux
Grazia	Grâce
Movimento	Mouvement
Musica	Musique
Postura	Posture
Prova	Répétition
Ritmo	Rythme
Salto	Saut
Tradizionale	Traditionnel
Visivo	Visuel

Diplomazia
Diplomatie

Ambasciata	Ambassade
Ambasciatore	Ambassadeur
Cittadini	Citoyens
Civico	Civique
Comunità	Communauté
Conflitto	Conflit
Consigliere	Conseiller
Cooperazione	Coopération
Diplomatico	Diplomatique
Discussione	Discussion
Etica	Éthique
Giustizia	Justice
Governo	Gouvernement
Integrità	Intégrité
Politica	Politique
Risoluzione	Résolution
Sicurezza	Sécurité
Soluzione	Solution
Trattato	Traité
Umanitario	Humanitaire

Discipline Scientifiche
Disciplines Scientifiques

Anatomia	Anatomie
Archeologia	Archéologie
Astronomia	Astronomie
Biochimica	Biochimie
Biologia	Biologie
Botanica	Botanique
Chimica	Chimie
Ecologia	Écologie
Fisiologia	Physiologie
Geologia	Géologie
Immunologia	Immunologie
Linguistica	Linguistique
Meccanica	Mécanique
Meteorologia	Météorologie
Mineralogia	Minéralogie
Neurologia	Neurologie
Nutrizione	Nutrition
Psicologia	Psychologie
Sociologia	Sociologie
Zoologia	Zoologie

Ecologia
Écologie

Clima	Climat
Comunità	Communautés
Diversità	Diversité
Fauna	Faune
Flora	Flore
Globale	Global
Habitat	Habitat
Marino	Marin
Natura	Nature
Naturale	Naturel
Palude	Marais
Piante	Plantes
Risorse	Ressources
Siccità	Sécheresse
Sopravvivenza	Survie
Sostenibile	Durable
Specie	Espèce
Varietà	Variété
Vegetazione	Végétation
Volontari	Bénévoles

Edifici
Bâtiments

Ambasciata	Ambassade
Appartamento	Appartement
Cabina	Cabine
Castello	Château
Cinema	Cinéma
Fabbrica	Usine
Fattoria	Ferme
Fienile	Grange
Hotel	Hôtel
Laboratorio	Laboratoire
Museo	Musée
Ospedale	Hôpital
Osservatorio	Observatoire
Scuola	École
Stadio	Stade
Supermercato	Supermarché
Teatro	Théâtre
Tenda	Tente
Torre	Tour
Università	Université

Elettricità
Électricité

Attrezzatura	Équipement
Batteria	Batterie
Cavo	Câble
Conservazione	Stockage
Elettricista	Électricien
Elettrico	Électrique
Fili	Fils
Generatore	Générateur
Lampada	Lampe
Lampadina	Ampoule
Laser	Laser
Magnete	Aimant
Negativo	Négatif
Oggetti	Objets
Positivo	Positif
Presa	Prise
Quantità	Quantité
Rete	Réseau
Telefono	Téléphone
Televisione	Télévision

Emozioni
Émotions

Amore	Amour
Calma	Calme
Contenuto	Contenu
Eccitato	Excité
Gentilezza	Gentillesse
Gioia	Joie
Grato	Reconnaissant
Imbarazzato	Embarrassé
Noia	Ennui
Pace	Paix
Paura	Peur
Rabbia	Colère
Rilassato	Détendu
Rilievo	Relief
Simpatia	Sympathie
Soddisfatto	Satisfait
Sorpresa	Surprise
Tenerezza	Tendresse
Tranquillità	Tranquillité
Tristezza	Tristesse

Energia
Énergie

Ambiente	Environnement
Batteria	Batterie
Benzina	Essence
Calore	Chaleur
Carbonio	Carbone
Carburante	Carburant
Diesel	Diesel
Elettrico	Électrique
Elettrone	Électron
Entropia	Entropie
Fotone	Photon
Idrogeno	Hydrogène
Industria	Industrie
Inquinamento	Pollution
Motore	Moteur
Nucleare	Nucléaire
Rinnovabile	Renouvelable
Turbina	Turbine
Vapore	Vapeur
Vento	Vent

Erboristeria
Herboristerie

Aglio	Ail
Aneto	Aneth
Aromatico	Aromatique
Basilico	Basilic
Culinario	Culinaire
Dragoncello	Estragon
Finocchio	Fenouil
Fiore	Fleur
Giardino	Jardin
Ingrediente	Ingrédient
Lavanda	Lavande
Maggiorana	Marjolaine
Menta	Menthe
Origano	Origan
Prezzemolo	Persil
Qualità	Qualité
Rosmarino	Romarin
Timo	Thym
Verde	Vert
Zafferano	Safran

Escursionismo
Randonnée

Acqua	Eau
Animali	Animaux
Campeggio	Camping
Clima	Climat
Guide	Guides
Mappa	Carte
Montagna	Montagne
Natura	Nature
Orientamento	Orientation
Parchi	Parcs
Pericoli	Dangers
Pesante	Lourd
Pietre	Pierres
Preparazione	Préparation
Scogliera	Falaise
Selvaggio	Sauvage
Sole	Soleil
Stanco	Fatigué
Stivali	Bottes
Vertice	Sommet

Etica
Éthique

Altruismo	Altruisme
Benevolo	Bienveillant
Compassione	Compassion
Cooperazione	Coopération
Dignità	Dignité
Diplomatico	Diplomatique
Filosofia	Philosophie
Gentilezza	Gentillesse
Integrità	Intégrité
Onestà	Honnêteté
Ottimismo	Optimisme
Pazienza	Patience
Ragionevole	Raisonnable
Razionalità	Rationalité
Realismo	Réalisme
Rispettoso	Respectueux
Saggezza	Sagesse
Tolleranza	Tolérance
Umanità	Humanité
Valori	Valeurs

Famiglia
Famille

Antenato	Ancêtre
Bambini	Enfants
Bambino	Enfant
Cugino	Cousin
Figlia	Fille
Fratello	Frère
Gemelli	Jumeaux
Infanzia	Enfance
Madre	Mère
Marito	Mari
Materno	Maternel
Moglie	Femme
Nipote	Neveu
Nonna	Grand-Mère
Nonno	Grand-Père
Padre	Père
Paterno	Paternel
Sorella	Soeur
Zia	Tante
Zio	Oncle

Fantascienza
Science-Fiction

Atomico	Atomique
Cinema	Cinéma
Distopia	Dystopie
Esplosione	Explosion
Estremo	Extrême
Fantastico	Fantastique
Fuoco	Feu
Futuristico	Futuriste
Galassia	Galaxie
Illusione	Illusion
Immaginario	Imaginaire
Libri	Livres
Misterioso	Mystérieux
Mondo	Monde
Oracolo	Oracle
Pianeta	Planète
Realistico	Réaliste
Robot	Robots
Tecnologia	Technologie
Utopia	Utopie

Fattoria #1
Ferme #1

Acqua	Eau
Agricoltura	Agriculture
Ape	Abeille
Asino	Âne
Campo	Champ
Cane	Chien
Capra	Chèvre
Cavallo	Cheval
Fertilizzante	Engrais
Fieno	Foin
Gatto	Chat
Gregge	Troupeau
Maiale	Cochon
Miele	Miel
Mucca	Vache
Pollo	Poulet
Recinto	Clôture
Riso	Riz
Semi	Graines
Vitello	Veau

Fattoria #2
Ferme #2

Agnello	Agneau
Agricoltore	Agriculteur
Alveare	Ruche
Anatra	Canard
Animali	Animaux
Cibo	Nourriture
Fienile	Grange
Frutta	Fruit
Frutteto	Verger
Grano	Blé
Irrigazione	Irrigation
Lama	Lama
Latte	Lait
Mais	Maïs
Oche	Oies
Orzo	Orge
Pastore	Berger
Pecora	Mouton
Prato	Pré
Trattore	Tracteur

Filantropia
Philanthropie

Bambini	Enfants
Bisogno	Besoin
Carità	Charité
Comunità	Communauté
Contatti	Contacts
Finanza	Finance
Fondi	Fonds
Generosità	Générosité
Gioventù	Jeunesse
Globale	Global
Gruppi	Groupes
Missione	Mission
Obiettivi	Buts
Onestà	Honnêteté
Persone	Gens
Programmi	Programmes
Pubblico	Public
Sfide	Défis
Storia	Histoire
Umanità	Humanité

Fiori
Fleurs

Gardenia	Gardénia
Gelsomino	Jasmin
Giglio	Lys
Girasole	Tournesol
Ibisco	Hibiscus
Lavanda	Lavande
Lilla	Lilas
Magnolia	Magnolia
Margherita	Marguerite
Mazzo	Bouquet
Narciso	Jonquille
Orchidea	Orchidée
Papavero	Pavot
Passiflora	Passiflore
Peonia	Pivoine
Petalo	Pétale
Plumeria	Plumeria
Rosa	Rose
Trifoglio	Trèfle
Tulipano	Tulipe

Fisica
Physique

Accelerazione	Accélération
Atomo	Atome
Caos	Chaos
Chimico	Chimique
Densità	Densité
Elettrone	Électron
Espansione	Expansion
Formula	Formule
Frequenza	Fréquence
Gas	Gaz
Gravità	Gravité
Magnetismo	Magnétisme
Meccanica	Mécanique
Molecola	Molécule
Motore	Moteur
Nucleare	Nucléaire
Particella	Particule
Relatività	Relativité
Universale	Universel
Velocità	Vitesse

Foresta Pluviale
Forêt Tropicale

Anfibi	Amphibiens
Botanico	Botanique
Clima	Climat
Comunità	Communauté
Diversità	Diversité
Giungla	Jungle
Indigeno	Indigène
Insetti	Insectes
Mammiferi	Mammifères
Muschio	Mousse
Natura	Nature
Nuvole	Nuage
Preservazione	Préservation
Prezioso	Précieux
Restauro	Restauration
Rifugio	Refuge
Rispetto	Respect
Sopravvivenza	Survie
Specie	Espèce
Uccelli	Oiseaux

Forme
Formes

Angolo	Coin
Arco	Arc
Bordi	Bords
Cerchio	Cercle
Cilindro	Cylindre
Cono	Cône
Cubo	Cube
Curva	Courbe
Ellisse	Ellipse
Iperbole	Hyperbole
Lato	Côté
Linea	Ligne
Ovale	Ovale
Piramide	Pyramide
Poligono	Polygone
Prisma	Prisme
Quadrato	Carré
Rettangolo	Rectangle
Sfera	Sphère
Triangolo	Triangle

Forniture Artistiche
Fournitures d'Art

Acqua	Eau
Acquerelli	Aquarelles
Acrilico	Acrylique
Argilla	Argile
Carbone	Charbon
Carta	Papier
Cavalletto	Chevalet
Colla	Colle
Colori	Couleurs
Creatività	Créativité
Gomma	Gomme
Idee	Idées
Inchiostro	Encre
Matite	Crayons
Olio	Huile
Pastelli	Pastels
Sedia	Chaise
Spazzole	Brosses
Tavolo	Table
Telecamera	Caméra

Forza e Gravità
Force et Gravité

Asse	Axe
Attrito	Friction
Centro	Centre
Dinamico	Dynamique
Distanza	Distance
Espansione	Expansion
Fisica	Physique
Impatto	Impact
Magnetismo	Magnétisme
Meccanica	Mécanique
Movimento	Mouvement
Orbita	Orbite
Peso	Poids
Pianeti	Planètes
Pressione	Pression
Proprietà	Propriétés
Scoperta	Découverte
Tempo	Temps
Universale	Universel
Velocità	Vitesse

Frutta
Fruit

Albicocca	Abricot
Ananas	Ananas
Arancia	Orange
Avocado	Avocat
Bacca	Baie
Banana	Banane
Ciliegia	Cerise
Kiwi	Kiwi
Lampone	Framboise
Limone	Citron
Mango	Mangue
Mela	Pomme
Melone	Melon
Mora	Mûre
Nettarina	Nectarine
Papaia	Papaye
Pera	Poire
Pesca	Pêche
Prugna	Prune
Uva	Raisin

Geografia
Géographie

Altitudine	Altitude
Atlante	Atlas
Città	Ville
Continente	Continent
Emisfero	Hémisphère
Fiume	Fleuve
Isola	Île
Latitudine	Latitude
Longitudine	Longitude
Mappa	Carte
Mare	Mer
Meridiano	Méridien
Mondo	Monde
Montagna	Montagne
Nord	Nord
Ovest	Ouest
Paese	Pays
Regione	Région
Sud	Sud
Territorio	Territoire

Geologia
Géologie

Acido	Acide
Altopiano	Plateau
Calcio	Calcium
Caverna	Caverne
Continente	Continent
Corallo	Corail
Cristalli	Cristaux
Erosione	Érosion
Fossile	Fossile
Geyser	Geyser
Lava	Lave
Minerali	Minéraux
Pietra	Pierre
Quarzo	Quartz
Sale	Sel
Stalagmiti	Stalagmites
Stalattite	Stalactite
Strato	Couche
Vulcano	Volcan
Zona	Zone

Geometria
Géométrie

Altezza	Hauteur
Angolo	Angle
Calcolo	Calcul
Cerchio	Cercle
Curva	Courbe
Diametro	Diamètre
Dimensione	Dimension
Equazione	Équation
Logica	Logique
Mediano	Médian
Numero	Nombre
Orizzontale	Horizontal
Parallelo	Parallèle
Proporzione	Proportion
Segmento	Segment
Simmetria	Symétrie
Superficie	Surface
Teoria	Théorie
Triangolo	Triangle
Verticale	Vertical

Giardinaggio
Jardinage

Acqua	Eau
Botanico	Botanique
Clima	Climat
Commestibile	Comestible
Compost	Compost
Contenitore	Récipient
Esotico	Exotique
Fiorire	Fleur
Floreale	Floral
Foglia	Feuille
Fogliame	Feuillage
Frutteto	Verger
Mazzo	Bouquet
Semi	Graines
Specie	Espèce
Sporco	Saleté
Stagionale	Saisonnier
Suolo	Sol
Tubo	Tuyau
Umidità	Humidité

Giardino
Jardin

Albero	Arbre
Amaca	Hamac
Cespuglio	Buisson
Erba	Herbe
Fiore	Fleur
Frutteto	Verger
Garage	Garage
Giardino	Jardin
Pala	Pelle
Panca	Banc
Portico	Porche
Prato	Pelouse
Rastrello	Râteau
Recinto	Clôture
Stagno	Étang
Suolo	Sol
Terrazza	Terrasse
Trampolino	Trampoline
Tubo	Tuyau
Vite	Vigne

Giorni e Mesi
Jours et Mois

Agosto	Août
Anno	Année
Aprile	Avril
Calendario	Calendrier
Dicembre	Décembre
Domenica	Dimanche
Febbraio	Février
Gennaio	Janvier
Giugno	Juin
Luglio	Juillet
Lunedì	Lundi
Martedì	Mardi
Mercoledì	Mercredi
Mese	Mois
Novembre	Novembre
Ottobre	Octobre
Sabato	Samedi
Settembre	Septembre
Settimana	Semaine
Venerdì	Vendredi

Governo
Gouvernement

Capo	Leader
Cittadinanza	Citoyenneté
Civile	Civil
Costituzione	Constitution
Democrazia	Démocratie
Discorso	Discours
Discussione	Discussion
Giudiziario	Judiciaire
Giustizia	Justice
Indipendenza	Indépendance
Legge	Loi
Libertà	Liberté
Monumento	Monument
Nazionale	National
Nazione	Nation
Politica	Politique
Quartiere	District
Simbolo	Symbole
Stato	État
Uguaglianza	Égalité

Guida
Conduite

Auto	Voiture
Autobus	Bus
Carburante	Carburant
Freni	Freins
Garage	Garage
Gas	Gaz
Incidente	Accident
Licenza	Licence
Mappa	Carte
Moto	Moto
Motore	Moteur
Pedonale	Piéton
Pericolo	Danger
Polizia	Police
Sicurezza	Sécurité
Strada	Route
Traffico	Trafic
Trasporto	Transport
Tunnel	Tunnel
Velocità	Vitesse

I Media
Les Médias

Atteggiamenti	Attitudes
Commerciale	Commercial
Comunicazione	Communication
Digitale	Numérique
Edizione	Édition
Educazione	Éducation
Fatti	Faits
Finanziamento	Financement
Foto	Photos
Giornali	Journaux
Individuale	Individuel
Industria	Industrie
Intellettuale	Intellectuel
Locale	Local
Online	En Ligne
Opinione	Opinion
Pubblico	Public
Radio	Radio
Rete	Réseau
Televisione	Télévision

Imbarcazioni
Bateaux

Albero	Mât
Ancora	Ancre
Barca a Vela	Voilier
Boa	Bouée
Canoa	Canoë
Corda	Corde
Equipaggio	Équipage
Fiume	Fleuve
Kayak	Kayak
Lago	Lac
Mare	Mer
Marea	Marée
Marinaio	Marin
Motore	Moteur
Nautico	Nautique
Oceano	Océan
Onde	Vagues
Traghetto	Ferry
Yacht	Yacht
Zattera	Radeau

Ingegneria
Ingénierie

Angolo	Angle
Asse	Axe
Calcolo	Calcul
Costruzione	Construction
Diagramma	Diagramme
Diametro	Diamètre
Diesel	Diesel
Distribuzione	Distribution
Energia	Énergie
Forza	Force
Ingranaggi	Engrenages
Liquido	Liquide
Macchina	Machine
Misurazione	Mesure
Motore	Moteur
Profondità	Profondeur
Propulsione	Propulsion
Rotazione	Rotation
Stabilità	Stabilité
Struttura	Structure

Insetti
Insectes

Afide	Puceron
Ape	Abeille
Calabrone	Frelon
Cavalletta	Sauterelle
Cicala	Cigale
Coccinella	Coccinelle
Coleottero	Scarabée
Farfalla	Papillon
Formica	Fourmi
Larva	Larve
Libellula	Libellule
Locusta	Criquet
Mantide	Mante
Moscerino	Moucheron
Pulce	Puce
Scarafaggio	Cafard
Termite	Termite
Verme	Ver
Vespa	Guêpe
Zanzara	Moustique

Jazz
Jazz

Album	Album
Artista	Artiste
Batteria	Tambours
Canzone	Chanson
Compositore	Compositeur
Composizione	Composition
Concerto	Concert
Enfasi	Accent
Famoso	Célèbre
Genere	Genre
Improvvisazione	Improvisation
Musica	Musique
Nuovo	Nouveau
Orchestra	Orchestre
Preferiti	Favoris
Ritmo	Rythme
Stile	Style
Talento	Talent
Tecnica	Technique
Vecchio	Vieux

Letteratura
Littérature

Analisi	Analyse
Analogia	Analogie
Aneddoto	Anecdote
Autore	Auteur
Biografia	Biographie
Conclusione	Conclusion
Confronto	Comparaison
Descrizione	Description
Dialogo	Dialogue
Genere	Genre
Metafora	Métaphore
Opinione	Opinion
Poesia	Poème
Poetico	Poétique
Rima	Rime
Ritmo	Rythme
Romanzo	Roman
Stile	Style
Tema	Thème
Tragedia	Tragédie

Libri
Livres

Autore	Auteur
Avventura	Aventure
Collezione	Collection
Contesto	Contexte
Dualità	Dualité
Epico	Épique
Inventivo	Inventif
Letterario	Littéraire
Lettore	Lecteur
Narratore	Narrateur
Pagina	Page
Poesia	Poésie
Rilevante	Pertinent
Romanzo	Roman
Scritto	Écrit
Serie	Série
Storia	Histoire
Storico	Historique
Tragico	Tragique
Umoristico	Humoristique

Mammiferi
Mammifères

Balena	Baleine
Cane	Chien
Canguro	Kangourou
Cavallo	Cheval
Cervo	Cerf
Coniglio	Lapin
Coyote	Coyote
Delfino	Dauphin
Elefante	Éléphant
Gatto	Chat
Giraffa	Girafe
Gorilla	Gorille
Leone	Lion
Lupo	Loup
Orso	Ours
Pecora	Mouton
Scimmia	Singe
Toro	Taureau
Volpe	Renard
Zebra	Zèbre

Matematica
Mathématiques

Angoli	Angles
Aritmetica	Arithmétique
Circonferenza	Circonférence
Decimale	Décimal
Diametro	Diamètre
Divisione	Division
Equazione	Équation
Esponente	Exposant
Frazione	Fraction
Geometria	Géométrie
Parallelo	Parallèle
Perimetro	Périmètre
Poligono	Polygone
Quadrato	Carré
Raggio	Rayon
Rettangolo	Rectangle
Simmetria	Symétrie
Somma	Somme
Triangolo	Triangle
Volume	Volume

Meditazione
Méditation

Accettazione	Acceptation
Attenzione	Attention
Calma	Calme
Chiarezza	Clarté
Compassione	Compassion
Emozioni	Émotions
Gentilezza	Gentillesse
Gratitudine	Gratitude
Mentale	Mental
Mente	Esprit
Movimento	Mouvement
Musica	Musique
Natura	Nature
Osservazione	Observation
Pace	Paix
Pensieri	Pensées
Postura	Posture
Prospettiva	Perspective
Respirazione	Respiration
Silenzio	Silence

Misurazioni
Mesures

Altezza	Hauteur
Byte	Octet
Centimetro	Centimètre
Chilogrammo	Kilogramme
Chilometro	Kilomètre
Decimale	Décimal
Grado	Degré
Grammo	Gramme
Larghezza	Largeur
Litro	Litre
Lunghezza	Longueur
Metro	Mètre
Minuto	Minute
Oncia	Once
Peso	Poids
Pinta	Pinte
Pollice	Pouce
Profondità	Profondeur
Tonnellata	Tonne
Volume	Volume

Mitologia
Mythologie

Archetipo	Archétype
Comportamento	Comportement
Creatura	Créature
Creazione	Création
Cultura	Culture
Disastro	Catastrophe
Divinità	Divinités
Eroe	Héros
Forza	Force
Fulmine	Éclair
Gelosia	Jalousie
Guerriero	Guerrier
Immortalità	Immortalité
Labirinto	Labyrinthe
Leggenda	Légende
Magico	Magique
Mortale	Mortel
Mostro	Monstre
Tuono	Tonnerre
Vendetta	Vengeance

Moda
Mode

Abbigliamento	Vêtements
Boutique	Boutique
Caro	Cher
Confortevole	Confortable
Elegante	Élégant
Minimalista	Minimaliste
Modello	Modèle
Moderno	Moderne
Modesto	Modeste
Originale	Original
Pizzo	Dentelle
Pratico	Pratique
Pulsanti	Boutons
Ricamo	Broderie
Semplice	Simple
Sofisticato	Sophistiqué
Stile	Style
Tendenza	Tendance
Tessuto	Tissu
Trama	Texture

Musica
Musique

Album	Album
Armonia	Harmonie
Armonico	Harmonique
Ballata	Ballade
Cantante	Chanteur
Cantare	Chanter
Classico	Classique
Coro	Chœur
Lirico	Lyrique
Melodia	Mélodie
Microfono	Microphone
Musicale	Musical
Musicista	Musicien
Opera	Opéra
Poetico	Poétique
Ritmico	Rythmique
Ritmo	Rythme
Strumento	Instrument
Tempo	Tempo
Vocale	Vocal

Natura
Nature

Animali	Animaux
Api	Abeilles
Artico	Arctique
Bellezza	Beauté
Deserto	Désert
Dinamico	Dynamique
Erosione	Érosion
Fiume	Fleuve
Fogliame	Feuillage
Foresta	Forêt
Ghiacciaio	Glacier
Montagne	Montagnes
Nebbia	Brouillard
Nuvole	Nuage
Rifugio	Abri
Santuario	Sanctuaire
Selvaggio	Sauvage
Sereno	Serein
Tropicale	Tropical
Vitale	Vital

Numeri
Nombres

Cinque	Cinq
Decimale	Décimal
Diciannove	Dix-Neuf
Diciassette	Dix-Sept
Diciotto	Dix-Huit
Dieci	Dix
Dodici	Douze
Due	Deux
Nove	Neuf
Otto	Huit
Quattordici	Quatorze
Quattro	Quatre
Quindici	Quinze
Sedici	Seize
Sei	Six
Sette	Sept
Tre	Trois
Tredici	Treize
Venti	Vingt
Zero	Zéro

Nutrizione
Nutrition

Amaro	Amer
Appetito	Appétit
Bilanciato	Équilibré
Calorie	Calories
Carboidrati	Glucides
Commestibile	Comestible
Dieta	Diète
Digestione	Digestion
Fermentazione	Fermentation
Liquidi	Liquides
Nutriente	Nutritif
Peso	Poids
Proteine	Protéines
Qualità	Qualité
Salsa	Sauce
Salute	Santé
Sano	Sain
Spezie	Épices
Tossina	Toxine
Vitamina	Vitamine

Oceano
Océan

Anguilla	Anguille
Balena	Baleine
Barca	Bateau
Corallo	Corail
Delfino	Dauphin
Gamberetto	Crevette
Granchio	Crabe
Maree	Marées
Medusa	Méduse
Onde	Vagues
Ostrica	Huître
Pesce	Poisson
Polpo	Poulpe
Sale	Sel
Scogliera	Récif
Spugna	Éponge
Squalo	Requin
Tartaruga	Tortue
Tempesta	Tempête
Tonno	Thon

Paesaggi
Paysages

Cascata	Cascade
Collina	Colline
Deserto	Désert
Fiume	Fleuve
Geyser	Geyser
Ghiacciaio	Glacier
Grotta	Grotte
Iceberg	Iceberg
Isola	Île
Lago	Lac
Mare	Mer
Montagna	Montagne
Oasi	Oasis
Oceano	Océan
Palude	Marais
Penisola	Péninsule
Spiaggia	Plage
Tundra	Toundra
Valle	Vallée
Vulcano	Volcan

Paesi #1
Pays #1

Brasile	Brésil
Cambogia	Cambodge
Canada	Canada
Egitto	Egypte
Finlandia	Finlande
Germania	Allemagne
India	Inde
Iraq	Irak
Israele	Israël
Libia	Libye
Mali	Mali
Marocco	Maroc
Norvegia	Norvège
Panama	Panama
Polonia	Pologne
Romania	Roumanie
Senegal	Sénégal
Spagna	Espagne
Venezuela	Venezuela
Vietnam	Vietnam

Paesi #2
Pays #2

Albania	Albanie
Danimarca	Danemark
Etiopia	Ethiopie
Giamaica	Jamaïque
Giappone	Japon
Grecia	Grèce
Haiti	Haïti
Indonesia	Indonésie
Irlanda	Irlande
Laos	Laos
Liberia	Libéria
Messico	Mexique
Nepal	Népal
Nigeria	Nigeria
Pakistan	Pakistan
Russia	Russie
Siria	Syrie
Sudan	Soudan
Ucraina	Ukraine
Uganda	Ouganda

Piante
Plantes

Albero	Arbre
Bacca	Baie
Bambù	Bambou
Botanica	Botanique
Cactus	Cactus
Cespuglio	Buisson
Crescere	Grandir
Edera	Lierre
Erba	Herbe
Fagiolo	Haricot
Fertilizzante	Engrais
Fiore	Fleur
Flora	Flore
Fogliame	Feuillage
Foresta	Forêt
Giardino	Jardin
Muschio	Mousse
Petalo	Pétale
Radice	Racine
Vegetazione	Végétation

Professioni #1
Professions #1

Allenatore	Entraîneur
Ambasciatore	Ambassadeur
Artista	Artiste
Astronomo	Astronome
Avvocato	Avocat
Ballerino	Danseur
Banchiere	Banquier
Cacciatore	Chasseur
Cartografo	Cartographe
Editore	Éditeur
Farmacista	Pharmacien
Geologo	Géologue
Gioielliere	Bijoutier
Idraulico	Plombier
Infermiera	Infirmière
Musicista	Musicien
Pianista	Pianiste
Psicologo	Psychologue
Scienziato	Scientifique
Veterinario	Vétérinaire

Professioni #2
Professions #2

Astronauta	Astronaute
Biologo	Biologiste
Chirurgo	Chirurgien
Dentista	Dentiste
Detective	Détective
Filosofo	Philosophe
Fotografo	Photographe
Giardiniere	Jardinier
Giornalista	Journaliste
Illustratore	Illustrateur
Ingegnere	Ingénieur
Insegnante	Enseignant
Inventore	Inventeur
Investigatore	Enquêteur
Linguista	Linguiste
Medico	Médecin
Pilota	Pilote
Pittore	Peintre
Ricercatore	Chercheur
Zoologo	Zoologiste

Psicologia
Psychologie

Appuntamento	Rendez-Vous
Clinico	Clinique
Cognizione	Cognition
Comportamento	Comportement
Conflitto	Conflit
Ego	Ego
Emozioni	Émotions
Esperienze	Expériences
Idee	Idées
Inconscio	Inconscient
Infanzia	Enfance
Pensieri	Pensées
Percezione	Perception
Personalità	Personnalité
Problema	Problème
Realtà	Réalité
Sensazione	Sensation
Subconscio	Subconscient
Terapia	Thérapie
Valutazione	Évaluation

Riempire
Remplir

Bacino	Bassin
Barile	Baril
Borsa	Sac
Bottiglia	Bouteille
Busta	Enveloppe
Cartella	Dossier
Cartone	Carton
Cassa	Caisse
Cassetto	Tiroir
Cesto	Panier
Nave	Navire
Pacchetto	Paquet
Scatola	Boîte
Secchio	Seau
Tasca	Poche
Tubo	Tube
Valigia	Valise
Vasca	Baignoire
Vaso	Vase
Vassoio	Plateau

Ristorante #2
Restaurant #2

Acqua	Eau
Aperitivo	Apéritif
Bevanda	Boisson
Cameriere	Serveur
Cena	Dîner
Cucchiaio	Cuillère
Delizioso	Délicieux
Forchetta	Fourchette
Frutta	Fruit
Ghiaccio	Glace
Insalata	Salade
Minestra	Soupe
Pesce	Poisson
Pranzo	Déjeuner
Sale	Sel
Sedia	Chaise
Spezie	Épices
Torta	Gâteau
Uova	Oeuf
Verdure	Légumes

Salute e Benessere #1
Santé et Bien-Être #1

Abitudine	Habitude
Altezza	Hauteur
Attivo	Actif
Batteri	Bactéries
Clinica	Clinique
Fame	Faim
Farmacia	Pharmacie
Frattura	Fracture
Medicina	Médicament
Medico	Médecin
Muscoli	Muscles
Nervi	Nerfs
Ormoni	Hormone
Pelle	Peau
Postura	Posture
Riflesso	Réflexe
Rilassamento	Relaxation
Terapia	Thérapie
Trattamento	Traitement
Virus	Virus

Salute e Benessere #2
Santé et Bien-Être #2

Allergia	Allergie
Anatomia	Anatomie
Appetito	Appétit
Caloria	Calorie
Corpo	Corps
Dieta	Diète
Digestione	Digestion
Energia	Énergie
Genetica	Génétique
Igiene	Hygiène
Infezione	Infection
Malattia	Maladie
Massaggio	Massage
Nutrizione	Nutrition
Ospedale	Hôpital
Peso	Poids
Recupero	Récupération
Sangue	Sang
Sano	Sain
Vitamina	Vitamine

Scacchi
Échecs

Avversario	Adversaire
Bianco	Blanc
Campione	Champion
Concorso	Concours
Diagonale	Diagonal
Giocatore	Joueur
Gioco	Jeu
Intelligente	Intelligent
Nero	Noir
Passivo	Passif
Per Imparare	Apprendre
Punti	Points
Re	Roi
Regina	Reine
Regole	Règles
Sacrificio	Sacrifice
Sfide	Défis
Strategia	Stratégie
Tempo	Temps
Torneo	Tournoi

Scienza
Science

Atomo	Atome
Chimico	Chimique
Clima	Climat
Dati	Données
Esperimento	Expérience
Evoluzione	Évolution
Fatto	Fait
Fisica	Physique
Fossile	Fossile
Gravità	Gravité
Ipotesi	Hypothèse
Laboratorio	Laboratoire
Metodo	Méthode
Minerali	Minéraux
Molecole	Molécules
Natura	Nature
Organismo	Organisme
Osservazione	Observation
Particelle	Particules
Scienziato	Scientifique

Spezie
Épices

Aglio	Ail
Amaro	Amer
Anice	Anis
Cannella	Cannelle
Cardamomo	Cardamome
Cipolla	Oignon
Coriandolo	Coriandre
Cumino	Cumin
Curcuma	Curcuma
Curry	Curry
Dolce	Doux
Finocchio	Fenouil
Liquirizia	Réglisse
Noce Moscata	Muscade
Paprika	Paprika
Pepe	Poivre
Sale	Sel
Vaniglia	Vanille
Zafferano	Safran
Zenzero	Gingembre

Sport
Sport

Allenatore	Entraîneur
Atleta	Athlète
Capacità	Capacité
Ciclismo	Cyclisme
Corpo	Corps
Danza	Danse
Dieta	Diète
Forza	Force
Jogging	Jogging
Massimizzare	Maximiser
Metabolico	Métabolique
Muscoli	Muscles
Nuotare	Nager
Nutrizione	Nutrition
Obiettivo	Objectif
Ossa	Os
Programma	Programme
Resistenza	Endurance
Salute	Santé
Sportivo	Sports

Strumenti Musicali
Instruments de Musique

Armonica	Harmonica
Arpa	Harpe
Banjo	Banjo
Chitarra	Guitare
Clarinetto	Clarinette
Fagotto	Basson
Flauto	Flûte
Gong	Gong
Mandolino	Mandoline
Marimba	Marimba
Oboe	Hautbois
Percussione	Percussion
Pianoforte	Piano
Sassofono	Saxophone
Tamburello	Tambourin
Tamburo	Tambour
Tromba	Trompette
Trombone	Trombone
Violino	Violon
Violoncello	Violoncelle

Tempo
Temps

Anno	Année
Annuale	Annuel
Calendario	Calendrier
Decennio	Décennie
Dopo	Après
Futuro	Futur
Giorno	Jour
Ieri	Hier
Mattina	Matin
Mese	Mois
Mezzogiorno	Midi
Minuto	Minute
Notte	Nuit
Oggi	Aujourd'Hui
Ora	Heure
Orologio	Horloge
Presto	Bientôt
Prima	Avant
Secolo	Siècle
Settimana	Semaine

Tipi di Capelli
Types de Cheveux

Argento	Argent
Asciutto	Sec
Bianco	Blanc
Biondo	Blond
Breve	Court
Calvo	Chauve
Colorato	Coloré
Grigio	Gris
Intrecciato	Tressé
Liscio	Lisse
Lungo	Long
Marrone	Marron
Morbido	Doux
Nero	Noir
Riccio	Frisé
Riccioli	Boucles
Sano	Sain
Sottile	Mince
Spessore	Épais
Trecce	Tresses

Uccelli
Oiseaux

Airone	Héron
Anatra	Canard
Aquila	Aigle
Cicogna	Cigogne
Cigno	Cygne
Colomba	Colombe
Cuculo	Coucou
Fenicottero	Flamant
Gabbiano	Mouette
Oca	Oie
Pappagallo	Perroquet
Passero	Moineau
Pavone	Paon
Pellicano	Pélican
Piccione	Pigeon
Pinguino	Manchot
Pollo	Poulet
Struzzo	Autruche
Tucano	Toucan
Uovo	Oeuf

Universo
Univers

Asteroide	Astéroïde
Astronomia	Astronomie
Astronomo	Astronome
Atmosfera	Atmosphère
Buio	Obscurité
Celeste	Céleste
Cielo	Ciel
Cosmico	Cosmique
Emisfero	Hémisphère
Galassia	Galaxie
Latitudine	Latitude
Longitudine	Longitude
Luna	Lune
Orbita	Orbite
Orizzonte	Horizon
Solare	Solaire
Solstizio	Solstice
Telescopio	Télescope
Visibile	Visible
Zodiaco	Zodiaque

Vestiti
Vêtements

Abito	Robe
Braccialetto	Bracelet
Camicetta	Chemisier
Camicia	Chemise
Cappello	Chapeau
Cappotto	Manteau
Cintura	Ceinture
Collana	Collier
Giacca	Veste
Gonna	Jupe
Grembiule	Tablier
Guanti	Gants
Jeans	Jeans
Maglione	Pull
Moda	Mode
Pantaloni	Pantalon
Pigiama	Pyjama
Sandali	Sandales
Scarpa	Chaussure
Sciarpa	Foulard

Congratulazioni

Ce l'hai fatta!

Speriamo che questo libro vi sia piaciuto tanto quanto a noi è piaciuto concepirlo. Ci sforziamo di creare libri della più alta qualità possibile.
Questa edizione è progettata per fornire un apprendimento intelligente, di qualità e divertente!

Le è piaciuto questo libro?

Una Semplice Richiesta

Questi libri esistono grazie alle recensioni che pubblicate.

Puoi aiutarci lasciando una recensione
ora a questo link ?

BestBooksActivity.com/Recensioni50

SFIDA FINALE!

Sfida n°1

Sei pronto per il tuo gioco gratuito? Li usiamo sempre, ma non sono così facili da trovare - ecco i **Sinonimi!**

Scrivi 5 parole che hai trovato nei puzzle (n° 21, n° 36, n° 76) e prova a trovare 2 sinonimi per ogni parola.

*Scrivi 5 parole del **Puzzle 21***

Parole	Sinonimo 1	Sinonimo 2

*Scrivi 5 parole del **Puzzle 36***

Parole	Sinonimo 1	Sinonimo 2

*Scrivi 5 parole del **Puzzle 76***

Parole	Sinonimo 1	Sinonimo 2

Sfida n°2

Ora che ti sei riscaldato, scrivi 5 parole che hai trovato nei puzzle n° 9, n° 17 e n° 25 e cerca di trovare 2 contrari per ogni parola. Quanti ne puoi trovare in 20 minuti?

Scrivi 5 parole del **Puzzle 9**

Parole	Antonimo 1	Antonimo 2

Scrivi 5 parole del **Puzzle 17**

Parole	Antonimo 1	Antonimo 2

Scrivi 5 parole del **Puzzle 25**

Parole	Antonimo 1	Antonimo 2

Sfida n°3

Grande! Questa sfida non è niente per te!

Pronto per la sfida finale? Scegli 10 parole che hai scoperto nei diversi puzzle e scrivile qui sotto.

1.	6.
2.	7.
3.	8.
4.	9.
5.	10.

Ora scrivi un testo pensando a una persona, un animale o un luogo che ti piace.

Puoi usare l'ultima pagina di questo libro come bozza.

La tua composizione:

TACCUINO:

A PRESTO!

Tutta la Squadra

SCOPRIRE GIOCHI GRATIS

GO

↓

BESTACTIVITYBOOKS.COM/FREEGAMES

www.ingramcontent.com/pod-product-compliance
Lightning Source LLC
LaVergne TN
LVHW060323080526
838202LV00053B/4402